封面介紹

作者：蓮生活佛盧勝彥

主題：自游自在搖江湖

創作時間：2012年9月

書畫賞析：本書作者以「精彩」二字形容他的一生，而這「精彩」其實是「因緣造化」使然。在他生命旅程上，25歲以前是單純的基督徒，而後因「玉皇宮」的奇遇，蒙靈師傳授道法，生命中增添了道教顏色，由於中國佛教融合了道家的思想，自然又加上了濃厚的佛教色彩。自從他接觸佛教後，本於前世的根基，除能通透各教派經典要義外，尤其在密教領域又獲得藏密紅、黃、白、花，四大教派的傳承。猶如畫作中身負多重色彩疊加的魚，象徵作者之所以胸懷萬法，是人生經歷多類宗教，又有多重派別傳承，所累加的表現。更因書中提到瑤池金母說：「你盧師尊自在的遊戲三昧就好了，這一切全是你自己的造化。」由於他有著不同凡響的來歷，加上這一世的精進而得成就，就能像畫中魚兒自游「自在」，以筆為槳，「遊戲三昧」，得以在江湖中無畏的任意搖擺。而畫中的氣泡，代表他明知人生如幻泡影，仍不斷地寫書、作畫、說法度眾來豐富這一生的「造化」，因而選為封面。封面設計特將畫作底色以多彩替換，更是在述說著作者一生的「精彩」。

財團法人

真佛般若藏

妙智慧的總集 明心見性由此開始

我人無專長
只為度世忙
就是這支筆
人間揮一場

～蓮生活佛盧勝彥

造化之道

Nature's Way
The Art of Liberated Playfulness

自在的遊戲三昧

盧勝彥・著

造化之通（自序）

有一天清晨，在似夢似醒之間，見「瑤池金母」在我之前。毫光萬丈，瑞氣千條。

祂問：

「盧師尊！你認為你這一生如何？」

我答：

「精彩。」

祂問：

「精彩是精彩，但，其中的緣起變化，冥冥之中，你認為是什麼？」

我答：

「那當然是命運。」

祂問：

「你答命運是沒有錯，但命運也是因緣造化啊！」

我猛然醒悟：

「一切都是造化！」

「一切都是造化使然！」

我想起「玉皇宮」，想起「嘰哦女士」，想起在「玉皇宮」的瑤池金母開天眼。

親見：

瑤池金母。

阿彌陀佛。

地藏菩薩。

這正是「造化之通」。

如此一晃，六十年過去了！

我寫了三百〇六本書。

我畫了不知多少畫。

我修的密法，一日一修，也不知有多少，太不可思議了！

我的弟子五百萬眾。

竟然創辦了「真佛宗」。
「雷藏寺」佇立在全世界。
我修出「法身」讓許多弟子，得以見之。
這些…………。
真是「造化之通」啊！
這是從「一無所有，而生出來的造化」，也即是「應無所住而生其心」

我問瑤池金母：
「我的過去世，是蓮花童子嗎？」
瑤池金母答：
「過去的已過去！」（祂沒直接回答。）
我問：
「我的將來會如何？」
瑤池金母答：
「將來的還未到！」
我再問：

「現在呢！」
瑤池金母答：
「現在也會變成過去！」
我說：
「這不是白問嗎？」
瑤池金母說：
「你盧師尊自在的遊戲三昧就好了，這一切全是你自己的造化。」
哦！明白了！造化之通。
這三〇六冊的書名是《造化之通》。祝開卷有益。

蓮生活佛．盧勝彥
Sheng-Yen Lu
17102 NE 40th Ct.,
Redmond WA 98052
U.S.A.
二〇二五年三月

造化之通

Nature's Way
The Art of Liberated Playfulness

自在的遊戲三昧

目錄 CONTENTS

祂帶我到天上

我記得祂帶我到天上，這個記憶永遠也忘不了的。

瑤池金母告訴我：「你有佛骨！」

又說：

「你是蓮花童子！」

又說：

「你將來要出來度眾生。」

我被瑤池金母帶到天上界，那時候我也不知那是什麼地方，只能說是天上界，我從來沒有去過的地方。

那裡很多神仙。

祂們看見我，都認識我，向我打招呼。

說：「你回來了！」

有男神仙。

有女神仙。

神仙都跟我招呼，但，我一個也不認識祂們。

後來我才知道，我原來是從天上界，下降到娑婆世界的。

但，這一切，我全忘了！

我注意到神仙的生活：

食——香華。

衣——天衣。

住——七寶樓閣。

行——一念即至。

另外有各種賞心悅目的事，真的述說不盡，不可思，不可議。

語言文字無法表達。

單單以「天衣」來說，光鮮亮麗，一塵不染，也不用洗，有香有光，顏色可隨意念變換，真的無法形容。

這一切，都是人間所沒有的。

我問瑤池金母：

「神仙為何是神仙？」

瑤池金母答：

「因為常住真心，淨光明體。」

我問：

「為什麼娑婆世界如此污穢？」

瑤池金母答：

「因為不明真心，用諸妄想，故流轉生死海中，輪迴不休。」

我嘆了一口氣：

「差別太大了！」

瑤池金母說：

「眾生是迷，神仙是悟，你去度眾生，是教他們，由迷轉悟。」

我問：

「我也是人，如何人度人？」

瑤池金母說：

「但，你有佛骨！」
我問：
「我有佛骨，眾生就沒有佛骨嗎？」
瑤池金母說：
「眾生都有佛骨，但，你的佛骨有特別的造化。」
「又是造化！」
「不錯，是造化之通！」
瑤池金母說：
「你的造化比較強，眾生的造化比較弱，你的成熟，他們未成熟！」
瑤池金母給了我一顆藥丹，叫我服下，這一下子，脫胎換骨了，彷彿全明白了，就是這樣，這樣就是造化。

瑤池金母與我

有人問我：

「你跟瑤池金母是什麼關係？」

在人間，瑤池金母的慈惠堂，只要依止了瑤池金母，女的是契女，男的是契子。

例如我的母親，就是瑤池金母的契女，等於是乾女兒。

但，

人們問的是「天上界」？

據我所知：

密教分五部，佛部、蓮華部、金剛部、寶部、羯摩部。

彼此的關係，依「俗諦法」來分：

佛部部主是毘盧遮那佛，部母是佛眼佛母，護法是不動明王，無勝佛母是明妃。

蓮華部：
部主是阿彌陀佛。
部母是大白菩薩。
護法是馬頭明王。
多羅菩薩是明妃。（多羅菩薩是綠度母）
金剛部的部主是阿閦佛，部母是摩摩雞佛母，軍吒利明王是護法，那利菩薩是明妃。…………
那盧師尊與瑤池金母有何關係？
是母子？
是姐弟？
是夫婦？
是眷屬？
是女婿？
（我在我自己的書上，寫我自己是娶了瑤池金母的女兒，所以是女婿。）
但，事實又如何呢？

我有一個很特殊的感覺，瑤池金母是大羅金仙。

其地位至高無上，是仙主，如同佛教五佛一般，所以有上崑崙頂，赴瑤池宴。祂是瑤池的主人至尊至貴。

眾所周知：

瑤池金母非常嚴厲。

而我感覺到的，瑤池金母對我特別的寬容。

我承認我不是一個至善至美至真的人，我這一生，做了很多錯事，但，祂對我一一的勸導，一一的寬容。

從來就沒有嚴厲的懲罰過我。

我就是這種感覺。

我承認，我對瑤池金母有一種很微妙的親切，無可言喻。

當人們問到我，有何關係？我真的答不出來了！

我說是「相應」現象：

瑤池金母是我本尊，我與本尊相應。

瑤池金母是我。

我是瑤池金母。

我們是一體的，從來沒有分開過，二十四小時都沒有分開過。分分秒秒都在一起。

夜夜同眠。

朝朝共起。

自從開了天眼，祂黏著我，我黏著祂，彼此互黏。緊緊的，分不開了！這是「相應」的現象。

你問我與瑤池金母什麼關係？

我只有直說了：

我是祂。

祂是我。

瑤池金母的金身雕像

我見過「一貫道」「先天道」「老母教」（白陽期）的老母娘信仰。

（母字倒寫，如「㐖」字）

老母娘的金身，真的很老。滿臉是「抬頭紋」、「魚尾紋」、「法令紋」、「木偶紋」。

髮白，持龍頭枴。

我也見過「王母娘娘」的金身相，頭戴「通天冠」，也雕刻成「老娘」的相貌。

一般性的慈惠堂瑤池金母雕像金身，是戴「鳳冠」約中年婦人的形象，莊嚴肅穆。

一手持仙拂。

一手持如意。（或蟠桃）

端端正正。

但，

我（真佛宗）的瑤池金母與前三種金身雕像，完全不同。

一、年輕貌美。

二、身段苗條。

三、千嬌百媚。

四、天衣彩裙。

五、彩帶飛揚。

完完全全的「天女型」的瑤池金母，讓人一見，眼睛一亮。

哇！太美了！

集一切「美」於一身，教人目不暫捨，精神集中在金身。

有人問：

「根本是仙女型？」

我說：

「是仙女型。」

有人說：

「應該是莊嚴型才對！」

我說：

「仙女型更能攝眾。」

人說：

「瑤池金母大羅金仙，掌權柄，威風八面，蟠桃仙宴之主，眾仙之首，如此千嬌百媚，不太適合吧！」

我說：

當年，我到天上界，見蓮花童子，只見白光燦燦、光如絲縷，向外放射，根本無形無象。

蓮花童子實無形象可言。

大羅金仙，也自然沒有形象可言。

其實諸佛菩薩無形象可言。只因為在「世俗諦」中，為了度化眾生，眾生不能無形無象，所以才顯現色相。

基督教。

穆斯林。

（皆不用雕像。）

天主教。
印度教。
佛教。
道教。
（借雕像來象徵精神所在。）
我個人，力排眾議，我始終認為，瑤池金母固然有威嚴的時候，但，在平常時，是溫和可親的，甜甜的、美美的，教眾生都很喜愛，而不是敬而遠之。
祂是我心中，最美的象徵。
我問：
「瑤池金母！可以雕天女型的嗎？」
瑤池金母答：
「善哉！」

小小佛

瑤池金母的名號很多，我曾問：

「我應該稱呼祢什麼？」

祂答：

「我是你天上的母親！」

我說：

「慈惠堂的堂生，都叫祢『母娘』。」

祂說：

「那你就叫我『媽媽』好了！」

哇！

叫「媽媽」好像更親些，這是我想不到的，事實上，任何一個孩子，對於「媽媽」，那是最親密的人了。

所以我叫「瑤池金母」媽媽，不叫「母娘」，祂答應我這樣叫祂。

其實祂來頭太大了：

白玉顯迹、龜台煉真。

麗元真水、億世神仙。

宇宙靈母、至尊元君。

孕育天地、萬物化生。

乾元主宰、瑤池為宮。

厚培道德、極致太平。

慈航普渡、接引迷津。

龍華盛會、蟠桃賜群。

大德至仁、度回原靈。

簿海一統、道繼天尊。

無極瑤池大聖西王金母大天尊。

而我竟然叫祂：

「媽媽！」

大家也許會好奇，那瑤池金母叫我（盧師尊）什麼？
告訴大家一個祕密。
祂叫我：
「小小佛！」
祂原先叫我「小佛子」，我說不行，因為「小佛子」和「小伙子」同音。
我不喜歡「小伙子」或「小猴子」。
後來祂同意了，祂叫我：
「小小佛！」
原因是我的個子不高，小小的，不胖不瘦，面貌尚可。
祂知道我是蓮花童子，從阿彌陀佛那裡來的。
所以「小小佛」很恰當。
其實，祂叫我出來度化眾生，我當時真的嚇到了！
我小時候不聰明，讀書倒數第一名，全班成績最差。
初中留級二次，天資愚笨。
高中才好些。

考上軍中的大學，勉強大學畢業。

我不是一個好學生。生活習慣亂七八糟，到了軍校，才走上正軌。

（所以，我懷念軍校的日子）

像我這樣的「屁小子」，應該平平凡凡的過一生的。

笨。

不老實。

無用廢物。

我有什麼資格出來度化眾生，我連度化自己都很難，真的。

瑤池金母看上我，會不會看錯了，但，我滿相信祂的。

這就是我的「造化」。

無窮盡的虛空

宇宙有多大？
沒有人能知道。
大而無外。
宇宙有多小？
也一樣沒有人知道。
小而無內。
我現在終於明白了，自從我開了「天眼」之後，我明白無窮無際的虛空。
有一天。
我在「頭汴坑」的溪河游泳，我潛水張開眼睛，看見一塊圓形的石頭放光。
我隨手撿了起來，帶回家中。
我展現給親友看。
他們說：「是螢光石！」

瑤池金母來了，對我說，把石頭放回原來的地方。

我搖搖頭，說：

「不過是一塊石頭！」

瑤池金母說：

「那是一座龍宮。」

龍王的宮殿？有沒有搞錯，那只是一塊會發亮的石頭。

瑤池金母用一指，指一指石頭，打開了「結界」，想不到的事情發生了。

一座金碧輝煌的皇宮顯現在我眼前。是龍王的宮殿。

這石頭內，住著龍王，住著無數龍的眷屬，龍能變化，可大可小。

大的好幾丈長。

小的如蚊蟻。

這一回我真的驚呆了，天下竟然有這一等事？

我乖乖的把小石子，放回溪河中。

又：

瑤池金母帶我進入森林中，森林中有一棵松樹，並不顯眼。

瑤池金母左繞三圈，右繞三圈。
用手輕敲三下。
這松樹變不見了！
眼前是「七寶樓閣」，這「七寶樓閣」的主人，竟然是：
「三山九侯先生」。
我看見祂：
身著黃錦之袍。
袍上文彩鮮明。
放著光明，相當有威儀。（世間沒有的，未曾有）
這位先生，衣帶是「靈飛大綬」，腰佩著「莫邪寶劍」。
頭上一個大華髻。
戴太真之冠。
天資秀色。
容顏絕世。
瑤池金母說：

「我請祂來教你修行，將來利益眾生！」

我朝祂禮拜。

瑤池金母對三山九侯先生說：

「這人是蓮花童子！」

三山九侯先生看看我：

「一點靈氣也無，行嗎？」

瑤池金母答：

「行！」

瑤池金母說：「小小佛的靈性是封閉的，只要打開了，他是九天之杓。」

我不明白「九天之杓」是什麼？但，這絕對是我的造化。

不可思議的變化

瑤池金母本身是不可思議的：

祂擁有各種稱號：

王母、主母、皇母、神母、老母、母娘、金母、西母、西姥、西膜、帝女、太真母、太山姬。……………

在中國的傳說：

瑤池金母曾授：

神術。

神漿。

神符。

神果。

給軒轅氏（黃帝）。

黃帝打敗蚩尤，平定中原，靠的是「指南車」，而傳授給黃帝的是「九天玄女」。

「九天玄女」是「瑤池金母」的徒弟。

瑤池金母的女兒，赫赫有名的是：

四女——名「華林」聖號「南極王夫人」。

十三女——名「媚蘭」聖號「右英王夫人」。

二十女——名「清娥」聖號「紫微王夫人」。

二十三女——名「瑤姬」聖號「雲華夫人」。

二十四女——名「婉羅」聖號「太真王夫人」。

在真佛宗，瑤池金母的變化身甚多：

萬佛手無極眼瑤池金母。

金面金母。

變身金母。

黑面金母。

虎頭金剛。

天女金母。

…………。

瑤池金母出巡，有詩為記：
駕我八景輿，欻然入玉清。
龍羣拂霄上，虎旂攝朱兵。
逍遙玄津際，萬流無暫停。
哀此去留會，劫盡天地傾。
當尋無中景，不死亦不生。
體被自然道，寂觀合太冥。
南嶽挺真幹，玉英曜穎精。
有任靡其事，虛心自受靈。
嘉會絳河曲，相與樂未央。

我問：
「三山九侯先生又是何來歷？」
瑤池金母答：
「佛來歷。」
我問：

「什麼是佛來歷？」

瑤池金母答：

「斷惑證真，無生無死，超凡入聖，金仙天尊。」

我問：

「有人說三山九侯，是三座山，九隻猴子修煉成神，是老申也，不知對否？」

瑤池金母答：

「不要因名詞而去誤解，這三九之數，是十二本尊的合成。」

瑤池金母說：

三山是三個天柱。

九侯是金仙九府。

這十二位本尊，可以孕育天地，廣傳真佛密法。

三山九侯先生變化不可思議，述之不盡。………

我問：

「是確實如此嗎？」

瑤池金母答：「是造化之功。」

三山九侯先生授法

三山九侯先生傳授我功夫的時間，是晚上十二時至一時。一個小時的時光。

那時我在「測量連」的軍官宿舍，一人獨居一室，房中無他人。

我打坐時：

雙手掌合十，然後指頭「必必卜卜」的響，自動的結出「手印」。

一個「手印」又一個「手印」，我的指頭一直在動，是自動的，非我能控制。

祂教我：

「召請手印」、「供養手印」。

「超度手印」、「祈福手印」。

「息災手印」、「增益手印」。

「敬愛手印」、「降伏手印」。

「總持手印」、「諸尊手印」。
「諸佛手印」、「菩薩手印」。
「金剛手印」、「護法手印」。
「諸天手印」、「結界手印」。
等等等等。
我嘆為觀止，我對三山九侯先生說：
「我不用學那麼多手印，浪費時光，我將來坐法座，祢來幫我結手印，我自動化出，就可以了！」
三山九侯先生聽了，一氣之下，祂不理會我，一連幾天，祂不來教我了。
後來，還是來了！

又有一回。
冬天很冷，我躲在棉被，不想起床，不想練功夫。
三山九侯先生叫我起床。
我硬是不起來！

我說：

「今晚休假！」

祂說：

「不行！」

於是，祂用法力，我整個人被抬高，然後又被拋向床。

「乒乓」大響。

連續多次。

我唉唉！大叫：

「祢要把我摔死嗎？我是蓮花童子，祢怎可欺負我。」

祂說：

「學法的人，一定要精進，一刻也不能鬆懈，你是懶惰蟲，還不給我起來。」

於是，我乖乖起床。

在這三年中。

三山九侯先生傳授了很多的「道法」及「密法」。

「手印」。
「觀想」。
「持咒」。
「符籙」。
祂說：「智慧與禪定是最重要的，它是鳥的雙翅，能讓你飛入虛空，從此自由自在，能自主一切。」
三山九侯先生傳授我：
練氣、嚥液、拙火。
上藥、中藥、下藥。
其中很多「祕密法」是非人不授，最深了義的法，若非真修之士，根本不可能傳授的奧義。
唉！我是真有造化啊！

過河的卒子

那一段日子，內心彷彿是不平靜的，我曾經如此想過，我自己是不是有些迷惑？迷惘？

我正常嗎？

我的遭遇如同神話？

我和一般人過一樣的生活，但卻碰觸到不一樣的世界。（靈的世界）

我這樣好嗎？

我當然「確認」宇宙確實有多重，因為我已經歷到了真真實實的靈界。

瑤池金母是真的。

三山九侯先生真的存在。

其他神聖我也見到了，這是不用懷疑的。

但，為什麼是我？

他人為何不能？

為什麼我能？
我來這人間，是為了什麼？
有一天晚上，我左思右思不得其解。瑤池金母來了，祂帶我到一個大山之頂。
有兩位仙人在下棋。
一位是南極仙翁。
一位是太白金星。
面前一盤象棋。
我聽到二位仙人，同唱一首偈。
四大非我有，
五蘊也是空；
人人如棋子，
各個都不同。
我這一聽，知道人生如棋，各人的生命都不同，面目不同，因緣不同，我的命運和其他人的命運不一樣。

南極仙翁看了我一眼，說：
「你是過河卒子！」
太白金星說：
「你只能向前！」
我明白了，過了河的卒子，只能向前，沒有退路了。
直直去就對了！
我已經沒有退路了！
我自己寫一首詩，如下：

既然已相遇
我把生命交付
只祈求
不會相誤
月下風前
也立了誓言

如今只有向前
不必再朝朝暮暮
這因緣是神仙聚會
就算落花
但願佳音迢遞
洞雲何處
這娑婆世界
等於是一盤棋
管它未來的結局如何
就這樣住

我學會了「隨緣」、「隨順」、「隨份」。我由「基督教」到「道教」到「佛教」就是這種心理。

其實三教各有「如是」。都是很好的，是「雲」是「雨」是「水」。

五眼六通口訣之一

什麼是「五眼」？

一、肉眼——肉身所具有的眼睛。

二、天眼——色界天人，具有的眼。遠的、近的、內在、外在、白天、晚上，均可見之。

三、慧眼——可照見「真空無相」的智慧之眼，小乘者得之。

四、法眼——為了度眾生，可照見一切的法門，大乘菩薩所具有。

五、佛眼——照見一切種智及真諦，是大慈悲的佛所具足。

我欣賞「弘一大師」的遠見，弘一大師說：

肉眼所見無非名利。

天眼所見無非輪迴。

慧眼所見乃是因果。

法眼所見全是真空或空幻。

佛眼所見是慈悲眾生。

又有說：

肉眼只見一切色相。

天眼見一切眾生的心。

慧眼見一切眾生的根緣。

法眼見一切法的實相。

佛眼見如來的十力。

我個人認為：

佛眼是最高的境界了，看見諸法裏的智慧，看見光明的心，看見生死及涅槃，見一切均無障礙，看見真諦的實相境界。

以禪定的力量，去漸漸的打開這五眼。禪定是由妄念變一念，一念到無念，「無念」是「正覺佛寶」。

我用的方法是：

「專一的數息到不覺得數息。」

五眼六通口訣之二

問：「什麼是六通？」

答：

「天眼通是得色界天眼，又稱天眼智證通，一切無礙之眼。天耳通是天耳智證通，聽聞無礙。他心通是他心智證通，知他人的心念無礙。宿命通知自己及六道眾生宿世生涯無礙。神足通是身如意通，變現不思議，往來自在的通力。漏盡通是一切煩惱漏盡而無礙。」

問：

「如何得五眼六通？」

答：

「這六通是禪定與智慧成就後的附帶品，由禪定與智慧而自來！」

問：

「如何是禪定？如何是智慧？」

答：

「二者相通，定能生慧，慧能生定，定慧互補，定慧相通。」

問：

「修禪定如何下手？」

答：

「從呼吸下手最好。其他也有很多方法，但呼吸是正要。」

問：

「為何是呼吸正要？」

答：

「念頭與呼吸相關連之故，故以呼吸為正要。」

問：

「呼吸人人都會，不是嗎？」

答：

「人人的呼吸叫常息。修行人的呼吸叫真息。二者不同！」

問：

「如何不同？」

答：

「一呼一吸是一息。行者的呼吸能合陰陽，得造化，改天命，證神通，入禪定，大智慧，這些全由呼吸得之。」

問：

「六神通在於呼吸？」

答：

「沒錯。」

問：

「成就四聖，也是呼吸？」

答：

「沒錯。」

問：

「常息與真息，有何不同？」

答：

「常息是一般人的呼吸，氣只到喉肺。真息的氣是到丹田（臍下四指處），下丹田是也，這二者不同。」

問：

「氣如何到下丹田？」

答：

「用意念！」

問：

「口訣是什麼？」

答：

「氣要細，氣要慢，氣要長，氣要勻。專注一息，呼吸均等，專注息要入丹田。這是至要，這也是修行的入門首要，切記！切記！」

五眼六通口訣之三

問：

「如何實修五眼六通？」

答：

「須有靜室，無人打擾。」

問：

「行者有何禁忌？」

答：

「不宜飲酒，不宜抽煙、因會使氣粗。勿食葱蒜，食者神昏。勿大喜大怒，會使心亂。勿多煩慮，會心神不靜。」

問：

「以何姿態？」

答：

「禪定用蓮花座，或雙盤，或單盤，或如意坐，以舒暢為宜，自在的坐在氈褥之上，這樣身體，才不倦累。」

問：

「穿何衣？」

答：

「寬鬆，使氣不急促。」

問：

「禪定多久？」

答：

「先半支香，再一支香，再一支半香，再二支香。」

問：

「念頭在何處？」

答：

「念頭在一呼一吸的氣，因念頭在吸氣呼氣，就是關閉六門，眼、耳、鼻、舌、身、意。」

問：「如果念頭想別的？」

答：「須重新把念頭專注在一呼一吸。」

問：

「是何作用？」

答：

「一念專注呼吸，萬緣頓息。」

問：

「剛開始妄念紛飛如何？」

答：

「須拉回妄念。有形容妄念如瀑布，再如海浪，再如長河，再如小溪，再如平潭，修到神清氣定。這就是成功。」

問：

「拉回妄念，要用力道？」

答：

「不必急，輕輕的。」

問：

「口訣何在？」

答：

「不一念別移，神息相依，自然氣神合一而定於一了。」

問：

「五眼六通如何證？」

答：

「當氣息能和念頭完全合一之時，此時，是綿綿不止的氣，念頭則是若存若忘。」

問：

「是何境界？」

答：

「目不離觀，觀無所觀，神不離照，照無所照，澄澄湛湛，物我兩忘，這就是三昧的境界了。」

問：

「天眼如何得？六通如何證？」

答：

「用意將氣引入眉心輪，可得天眼。用意將氣引入心輪，或引入臍輪，或喉輪、海底輪、頂輪、密輪。」

問：

「這回會如何？」

答：

「此時五眼六通自然產生，每一個輪脈，都是通力的根源。」

問：

「將氣運至五輪或七輪，我們如何得知？」

答：

「意識得知。」

問：

「為何意識會知道？」

答：

「人身血氣本來就是流通的，道家的小周天、大周天，也就是血氣的循環。」

問：

「呼吸法的作用竟然如此大？」

答：

「呼吸法不只攝心，更能練氣純熟，神息相依，成辦五眼六通。」

問：

「果真如此？」

答：

「氣運至眼，得天眼。氣運至耳，得天耳。…………」

偈：

一氣循環宇宙中。
以神馭氣補天功。
黃河逆轉流天上。
待看心靈化神通。

我可以跟神明說話

當「五眼六通」有了初步的成就之後，我自自然然可以跟神明說話。

例如：

我家對面有一位「萬吉嫂」，她供養一尊白瓷的觀音菩薩。

這菩薩很靈。

菩薩知我已能通鬼神，便常來舍下作客，我們變成好朋友一般。

我曾對菩薩說：

「明天我要到台南去測量，我會不在家，這段時間，我不能見到祢了。」

菩薩答：

「你去一天，就會回來的。」

我以為祂只是說說而已，不會是真的。

但，

我到了台南「關廟」，接到了上級命令，這個測量工程已取消。

於是，我打道回府，回到台中。

我想起菩薩說的。

果然一個字：

「準！」

又：

「萬吉嫂」到我家時。

我對她說：

「妳供奉的觀音菩薩，常常到我家來呢！」

「萬吉嫂」聞言變色。

她說：

「觀音菩薩是我供奉的，祂只能在我家鎮守，怎可以常常到你家？」

萬吉嫂很生氣。

我當時想：

「是的。是她供奉的，自然在她家，怎常常來找我？」

我說：

「對不起！對不起！」

然而，

我看見觀音菩薩來了，祂舉起「萬吉嫂」的手。

「萬吉嫂」自己打自己的耳光，一下二下三下，打的力量很威猛。

打到整個臉都紅腫。

「萬吉嫂」自己喊：

「說錯話！說錯話，該打該打。」

我勸菩薩：

「不要再打她了！打得太重了！」

最後終於停了下來！

「萬吉嫂」很狼狽！

我說：

「觀音菩薩神通廣大，救度萬民，是眾生的大菩薩。妳供奉祂，自有供奉的功德。但，四處救眾生，也正是菩薩的大慈悲心，菩薩是眾生的，不能只救妳一人啊！」

「萬吉嫂」點點頭。

後來，

我去佛具店，找相同的白瓷觀音，找了很久，竟然被我找到了。

我自己也供奉祂。

我問：

「祢是萬吉嫂的觀音菩薩嗎？」

祂答：「不是。」我覺得訝異，我領悟到：

（同一類型，不同人供奉，就是不同的菩薩）

看見關聖帝君

有一次。

我坐火車，由台北到台中，車行之中，我竟然看到「關聖帝君」。

帝君告訴我：

「坐你旁邊的中年人，有困難，須你幫助他！」

我問：

「怎麼回事？」

帝君一五一十的告訴我：

關聖帝君是這位中年人的家神。（供奉）

他投資了所有財務。

卻被友人私吞了去，友人不還。

如今，他不想活了！

我問：

「這怎麼救？我不是很有錢！」

帝君說：

「我的主人住高雄，你叫他去求『聖帝祖』就有救。」

我說：

「祢不救他，反叫他去求『聖帝祖』是何道理？」

帝君說：

「我只是家神，『聖帝祖』法力大，由『聖帝祖』出面，就有救。」

我又問：

「我如何令他相信我？」

帝君說：

「他供奉我時，我的關刀斷了，他用強力膠黏的。」

於是，我和坐隔壁的中年人對話。

我問：

「先生，請問你是不是供奉關聖帝君？」

他答：

「是，咦！你怎知道？」

我說：

「我看見你家的關聖帝君，祂還說，關刀斷了，你用強力膠黏的。」

他更訝異。

他問：

「的確如此！的確如此！這件事只有我知道，你是乩童嗎？」

我答：

「不是。」

我將與帝君的對話，全告訴了他。

他流淚了！

他決定照我的話做。他還問我：「這樣我要給你多少錢？」

我笑了，答：「不用錢！」

此事之後，不久，他聯絡我，朋友的錢，終於還給他了。

（因為『聖帝祖』入友人的夢，打了友人一頓，醒後有悟，還了錢。）
這個陌生人，後來成為我忠心的信徒，他介紹很多人到我家問事。
我與神明交往之後，我有所領悟：
同樣是關聖帝君。
有大力的帝君。（聖帝祖）
有小力的帝君。
同樣的瓷器觀音。
家家不同。
（這是依照每個人的因緣而來的）
例如：
我的真佛宗寺、堂、會，都供奉「瑤池金母」。但，全是分身，每一尊「瑤池金母」的性格，都不相同。

靈驗與準確

我（盧師尊）為何會有五百萬信眾？

答案很簡單：

「靈與準！」

靈驗與準確，從何而來？

答：

「從瑤池金母與三山九侯先生而來！」

又：「用何法？」

答：

「五眼六通！」

五眼六通，作什麼用？

答：

「解除眾生的苦厄！」

我有一天，去日月潭玩，回到了台中的社區，那時已晚上十二時左右。

我發覺從我家門口，有車輛排隊，排到社區大門。

怎麼回事？

原來全是來求消災解厄的信眾，訪客實在太多了。

最後，只好勞動師母發編號的牌子，一一幫信眾解決困難的事。

一天問事三百人。

為什麼如此多人參訪？這真的是「造化之通」，天眼通，天耳通，他心通。

我運用符咒。

治癒了很多精神病患。

名氣太大，精神病患，由精神醫師陪同，上手鍊腳扣，到舍下的也不少。

我彷彿成了精神醫科的精神大顧問。

專治：

鬼神病。

佔舍。

沖犯。

降頭。

去邪。

用的符是「尚掩」符籙。

有一回，一位老婦人，聲淚俱下的告訴我：

「兒子不孝。」

我問：

「如何不孝？」

她答：

「他出拳打父母，伸手要錢，吃喝嫖賭，不務正業，混幫派，結交惡友，偷盜搶劫。…………」

我說：

「帶來見我！」

她答：

「他什麼都不信，很鐵齒的，如何能來？」

我在老婦人手上寫了一個「跟」字。

老婦人回去，向兒子一招手，她兒子就「跟」她到了我這裡。

我先訓誡了他一番。

他兒子嗤之以鼻，一副吊兒郎當的模樣。

我說：「你不信？」

他答：「不信。」

我說：「你昨天騎摩托車自摔是嗎？」

他問：「你怎知道？」（很訝異）

我叫他褲管拉起來，果然有擦傷的痕跡。這回他目瞪口呆。

後來他兒子，真的變乖了！

就是這麼「神」！

密教的宿命

我告訴大家，我們每一個人，都有一個宿命。也都有一個「妙明真心」。

由於人的「妙明真心」被矇閉，被妄想執著遮蓋，所以才產生「輪迴」。

如果「妙明真心」出現，眾生就自然的直接解脫而成就。

這就是佛陀說的：

「眾生都有佛性！」

「心、佛、眾生，三無差別！」

我個人證得「五眼六通」之後，我發覺我自己的腦海中，隱藏了自己的「過去世」，原來自己已輪迴多世。

能明白自己的「輪迴多世」，這就是「宿命通」。

「造化之通」是「宿命」所造成的。

我有「密教的宿命」。

那是藏密祖師「蓮華生大士」在我的腦海中伏藏了「所有的密法」所致。
我的腦海中伏藏很多的密法，是「蓮華生大士」給我的。
在過去世中。
是兄弟。
是師徒。
是主臣。
總之，是非常親密的關係，祂是蓮花化生的童子。我也是蓮花化生的童子，
二者根源相同。（同氣連枝）
祂是蓮華生大士。
我是蓮生上師。
我們同樣是蓮華部部主「阿彌陀佛」的轉化。
蓮華生大士帶我到祂修行的岩洞。
賜我：
「三萬六千個灌頂！」

如一首詩：

星斗稀

鐘鼓歇

岩外曉雲殘月

淨瓶重

是莊嚴

滿身法流迴

光光相照

二化為一

密教光華

無窮大樂隨

蓮華生大士告訴我：

「你要去找傳承！」

我說：

「蓮師就是我的傳承。」

蓮華生大士說：

「天上傳承你已具足，那是祕密，世人不懂。你找人間傳承，世人才能信服。」

我問：

「找誰？」

蓮華生大士說：

「時到即知！你要了生死，就找一個『了』的吧！」

後來印證：

我找一個「了」字，原來是：「了鳴和尚」，紅教諾那上師的傳承。

瑤池金母說：「去美國」

我曾說過：

我在台灣高雄住十九年。

（從幼稚園到高中）

我又在台灣台中住十九年。

（從大學到就業）

所以加起來，共三十八年在台灣。接著就移民到了美國西雅圖。

只因為瑤池金母說：「去美國！」

於是，我就到了美國。

我在讀書的時候，最討厭的科目就是：

「英文」。

我的同學，有幾位「英文」成績很優秀，他們有志出國留學。

他們每天抱著英文書，天天起床就唸英文，「K」英文單字。

他們問我：

「為什麼不學英文？」

我答：

「我不想留學，又不想去美國移民，我在台灣就好，為什麼要讀它？」

他們說：

「那總會用得著？」

我答：

「我就是不想學。」

他們問：

「考試呢？」

我答：

「作弊！抄小抄。」

大學總算「混」了過去，在職業場，我是測量工程。

測量儀器是：
「威特T2」。
「蔡式測量儀」。
這幾個簡單的英文單字，當然會。
走入「宗教界」那是個意外，因為瑤池金母，祂找我出來弘法。
接著祂叫我：
「去美國！」
這下子如「五雷轟頂」，一陣頭暈眼花，什麼要我去美國？
我問：
「為什麼？」
瑤池金母答：
「立足美國、弘揚全世界！」
我的媽呀！我「英文」很「菜」，除了簡單的問候之外，其他都不會啊！
這完全是一種意外！
我不想讀英文。

不想出國。

瑤池金母卻偏偏叫我：「去美國！」

去講「英文」的國家，這不是故意要為難我嗎？

但，後悔已經來不及了，因為瑤池金母一再的要我去美國。

我依靠美國的三位弟子，陳家三兄弟，於一九八二年六月十六日。

正式的移民美國西雅圖。

我帶妻子「盧麗香」。

女兒「盧佛青」小學一年級。

兒子「盧佛奇」幼稚園學生。

四個小包袱。

就這樣踏上了美國的土地。

造化之師

原先，在美國紐約上州，我早已皈依了「十六世大寶法王噶瑪巴」。
大寶法王教我的話，我永記心中：
「朝修度母，晚修護法。」
「保住心中的光明。」
這二句話，看起來普普通通，但，在深深的意會當中。
這是：
「金玉良言！」
遇到任何環境，心中有光明，就是修行的勝境。
一日不修。
一日是鬼。
我永遠記住大寶法王的話。
尊貴的大寶法王，給我「五佛嚴頂灌頂」。

與我同去見「大寶法王」的，是黃朝初先生，他是「扶輪社」的成員。

我在西雅圖的「綠湖」見到了薩迦寺的「薩迦證空上師」。

他坐在「綠湖」旁的石頭上，大聲的念咒。

我趨前頂禮。

他看了一眼：

「你來了？」

我答：

「來了！」

他伸手給我摸頂，他念四皈依咒：

「南無古魯貝、南無不達耶、南無達摩耶、南無僧伽耶。」

他問：

「你想學什麼？」

我答：

「喜金剛！」

他張開雙目，仔細看了看我，說了一句：

「大樂中的空性。」

這是一言中的。

於是我學習了「吉祥喜金剛，集輪甘露泉」

有二句話非常重要：

「一旦業障清除，行者所見即為本色，如是無明幻化即轉化真實本質。」

「如同輪迴的過去、現在、未來，不管有多少次的輪迴，行者已超越了一切的束縛，超然於萬象，沒有束縛，只有純淨佛性。」

我問：

「上師念咒，何以如此大聲？」

薩迦證空上師答：

「願聽咒音者，共發菩提心，結無上果。」

他收我為徒。

曾向「達青仁波切」提過。

（當時，達青法王住持薩迦寺）

我到了西雅圖，最先住「巴拉」地區，離「薩迦寺」很近，走路就可以到。

我從美國回台灣時，去了香港。

又禮「吐登達吉」為師。

他傳我：

「時輪金剛觀行儀軌」。

吐登達吉的傳承是：

甘珠活佛——吐登利嘛——吐登達利——吐登達吉——吐登其摩。

我（盧師尊）就是「吐登其摩」。

我再傳。

吐登悉地。

吐登卡瑪。

報夢奇蹟

我初來美國，少有人知。

但，有一件奇妙的事，必須講一講：

原先，我在台灣與眾生結緣，也有很多人，從美國飛來台灣的。

我移民美國，他們並不知道，但，奇怪的是，這些住美國的弟子，他們在夢中，竟然聽見了一個聲音：

「盧師尊！來美國了！」

聽見這個聲音的弟子，就不約而同的趕到西雅圖來見面。

我這裡列出幾個名字：

加拿大溫哥華的「賴文彥」。

（溫哥華鄰近西雅圖）

芝加哥的醫師「Ｋ醫師」。

洛杉磯的「大嬸婆」。

紐約的「曾美珠」。

休斯頓的「謝文廷」。

……………。

他她均聽見報夢：「盧師尊！來美國了！」

賴文彥就是「蓮高上師」。

曾美珠就是後來紐約金剛雷藏寺的堂主。

這是奇蹟，報夢奇蹟。

另：

有三位博士來造訪，他們是：

鍾露昇博士。

羅振芳博士。

徐現堂博士。

他們幫我翻譯了一本英文書，書名《東方的飛氈》。

當成我生日的禮物，送給我，我打開一看，真的是：

「莫名的驚喜」。

這本書令很多西方人來皈依：
「凱倫」、「肯特」、「摩爾」、「凱麗」、………。
他她來皈依。

這三位博士的造訪，很像是《聖經》的故事：
耶穌基督出生在「伯利恆」時。
有波斯的三位博士，尋著天上的大星星，找到了「耶穌」。
把禮物獻給了「耶穌」。

我來美國。
三位博士造訪，真是太巧合了！

另外，有二位長輩來皈依我：
他們是林忠杯一家人。
及楊嘉惠一家人。
他們是最早的信眾，一直到今天。
林忠杯的夫人「李幸枝」羽化之後，曾顯現讓我看。

她變成亮麗的天仙。
穿毫光的天衣。
光芒萬丈。
住七寶樓閣。
食妙蓮華。
祂告訴我：「羽化之後。原來是如此的美好，一切人間的塵勞，全部成空，原來佛國是如此的美妙。」
祂隨來隨去，一切自主。
已無生死。
祂得了解脫成就。
萬歲！太好了！

真佛宗的密教

有人問我：

「你真佛宗，弘揚什麼？」

我答：

「真實佛法。」

問：

「佛法是什麼？」

答：

「什麼都是佛法。」

問：

「食、衣、住、行、育、樂，都是佛法嗎？」

答：

「是的。」

食是——供養法。

衣是——結界法。

住是——眠光法。（禪定法）

行是——精進法。

育是——清淨法。

樂是——明點法。

另：「財」是財神法、「色」是雙身法、「名」是敬愛法。

問：

「盧師尊的密教之法，從何得之？」

答：

「來自我腦中的伏藏，是蓮華生大士的密傳。另外人間傳承是了鳴和尚，薩迦證空上師、十六世大寶法王噶瑪巴、吐登達吉上師等等。」

問：

「你明白密教之根源嗎？」

答：

「雜密是東晉傳入中土的。

中密是唐開元。由金剛智、善無畏、不空傳入。

台密是天台山的密教。

東密是日本的真言宗。

藏密是傳到西藏的密教。

密教經典甚多，比如《孔雀王經》、《金剛頂經》、《大日經》…………。」

問：

「修行方法如何？」

答：

「注重身口意三密的清淨。身結印是身密、口誦咒是口密、意念在觀想是意密。另有氣、脈、明點的修練。」

問：

「最高境界是？」

答：

「無上正等正覺。身化虹光，可以即身成佛。」

問：

「實修真佛密法，有誰得證？」

答：

「蓮嶝上師——身化琉璃光，令慈尊者親眼看到。」

又：

「幸枝上師——身著天衣重裙，光彩萬丈。由我親見。」

又：

「蓮信上師——是菩薩果位，將轉世再來度眾生。」

又有更多的證悟者，都是真佛密法的大成就者。

身心清淨入無漏定者甚多。

我（盧師尊）修出數不清的法身，法身偏滿娑婆世界，有清淨眼者，皆可以看得見！

對於未來的期盼

有記者專訪我，我如實的回答。

問：

「如今，真佛宗有多少雷藏寺？」

答：

「全世界有八十多座，目前有的正在新建之中，分佈於各國。」

問：

「真佛弟子有多少？」

答：

「五百萬眾。」

問：

「這麼龐大的宗派，如何管理？」

答：

「宗務委員會，即宗委會，由宗委會管理一切。」

問：

「那盧師尊做何法務？」

答：

「我只是傳法！寫作。」

問：

「您對真佛弟子，想說什麼？」

答：

「敬師、重法、實修。」（這也是蓮華生大士的宣示）

問：

「您想不想成為世界第一大的宗派？」

答：

「不想。」

問：

「為什麼？」

答：

「那只是因緣，緣起性空。」

問：
「您想不想未來，信眾多達億億？」
答：
「不想。」
問：
「為什麼？」
答：
「億億信眾，不如一人成就。」
問：
「您想不想富可敵國？」
答：
「不想。」
問：
「為什麼？」
答：
「富貴如浮雲，世事無常。」

問：

「您想不想，真佛宗流傳百千世？」

答：

「不想！因為一切全是幻化，夢幻泡影。」

問：

「您想不想留名？」

答：

「名望如同吹泡泡。」

問：

「真佛宗未來的期盼？」

答：

「不想！因為無常變幻。」

問：

「那您那麼努力做什麼？」

答：

「只是活一天，工作一天，如此而已矣！」

我喜歡「老莊思想」

我一向喜歡老子、莊子的思想。
道家的創始人就是「老子」，他將「道德經」給了「關尹子」。
而戰國時代的「莊子」、「列子」也都是老子思想的傳承。
孔子稱讚老子：
「如同神龍，見首不見尾。」
（其思想不凡，如神龍）
老子說：
含德之厚，比於赤子。
又說：
毒蟲不螫、猛獸不据、攫鳥不搏。
骨弱筋柔而握固，未知牝牡之合而朘作。精之至也。
終日號而不嗄，和之至也。

我個人的體會：

一個嬰兒，是無知無欲的，也是無畏無懼的。

所以嬰兒不怕毒蟲，不怕猛獸、不怕鷹鳥。

嬰兒也無欲無妄。

但保有元精：

所以手握成拳很有力道。

小生殖器常常勃起。

但，保有了無知無欲，無恐無懼的力量。

我喜歡：

「保有赤子之心也！」

第一，柔弱。

第二，平和。

老子說：

「柔弱生之徒，老氏戒剛強！」

是的，我喜歡柔弱，也喜歡平和無爭，這是我的人生哲學。

我就是想，平平淡淡的過日子。
莊子的思想是：
隨順。
自然。
平凡。
這也是我的思想。
莊子有超然的思想，但表現在外的，是如此的平凡。
這就是莊子的偉大！
我（盧師尊）這一生，經過許多災難，經過驚心動魄的挫折。
但，沒有退步！
這是因為有赤子之心。
我無知——故無有恐懼。
我無欲——故無有顛倒妄想。
這正是《心經》裏的「無所得」。
我整理我的思想，我發覺我自己保有赤子之心。

一、柔弱。
二、平和。
三、無欲。
四、無為。
五、平凡。
六、自在。
我什麼也不想，只是每一天，把每一件小事做好。
活一天，快樂一天。
活一天，感恩一天。
說法、寫作、修法、畫畫，就是這樣平平凡凡的活下去！
總會有一天！
我自己會出「函谷關」，如同老子！

如何修出分身？

有很多弟子，看見「盧師尊」的分身（法身）。

很多人很好奇，如何修出分身？

因為：

可以觀見。

可以對話。

可以覺受。

可以合一。

可以釋疑。

盧師尊化為很多盧師尊，在世界各地均可見之，有的甚至二十四小時，均在左右，從未分離過。

朝朝共起。

夜夜同眠。

一起食衣住行。

問：

「如何修出分身？」

答：

「惟以我之精，合天地萬物之精。」

問：

「精是什麼？」

答：

「元精是也。元精有人不明白，若要解釋，也是滿難的。是心、是氣、是神、是識、是靈、是魄、是魂。………」

問：

「如何與天地合一？」

答：

「我做個比喻：如水入大海，大海合一水。又如一火合為萬火。一風合於萬風。一木合於萬木，一金合於萬金。」

問：

「不明白？」

答：

「我仔細的說，我用木刻蓮花童子像，把我的真氣，吹向蓮花童子像，這木刻蓮花童子，有了盧師尊的元精，就會變化出另一個分身出來。」

問：

「人人都可以這樣做嗎？」

答：

「唯要有元精的人！」

問：

「誰有元精？」

答：

「修行到了精神統一，入三摩地，堅固了魂魄。就有吾魂、吾魄、吾精、吾神、吾氣。所以到此境界，何者生？何者死？」

問：

「肉體呢？」

答：

「肉體只是精氣神所附的物質東西而已。」

問：

「修出分身（法身）有何益？」

答：

「生死不可拘束，與生死毫無干涉。很多的分身（法身），可以度更多的人，做更多的法務。」

問：

「盧師尊有很多很多分身（法身），是不是更忙了？」

答：

「不是。真身只須一坐。」

分身的作為

很多人對分身（法身）非常好奇，也有更多的疑惑。

因此，我回答如下：

問：

「分身有生死嗎？」

答：

「有合者生，有散者死。」

問：

「那豈不是跟肉體差不多？」

答：

「認真的說，實無生死。但，我必須如此說，例如：我的分身是依附在蓮花童子（雕像）之上，人們把雕像用火燒了，或拋入長流水中，分身自然離去。這就是有散者死。」

又：

「分身依附在真佛弟子身上，是相應現象。弟子遷化了，法身（分身）自然離去，緣份散了，這也是有散者死。」

問：

「法身可以再分法身嗎？」（也就是分身再分身）

答：

「形可分，也可合。」（分合全在於緣份，緣來可合，緣去可分，分分合合，合合分分，全在緣份。」

問：

「法身也會隱形嗎？」

答：

「可顯可隱，可大可小，形象是盧師尊，也可變化其他本尊。」

問：

「法身（分身）可以分出多少？」

答：

「老子一氣化三千，其實一氣可以生萬物。也就一個真身真氣，可化出萬萬個法身，如同一月映千江一樣，可以無盡的化出。」

問：

「法身可助真佛弟子延壽嗎？」

答：

「可。雖然生死有命、富貴在天，但，法身交代的延壽方法，自然可延壽命。」

問：

「法身可幫忙賺錢嗎？」

答：

「可。有法身在旁，等於是一人的力量，變出二人的力量，或更多力量，法身可以幫忙，法身就是貴人，祂可助人度更多的眾生，當然可以幫主人賺錢。」

問：

「法身可幫助修行嗎？」

答：

「當然。法身本來就是幫助修行的，為你消災解惑。」

問：

「要供養法身嗎？」

答：

「供養本尊時，就同時供養法身，有時候法身就是本尊。」

問：

「法身與行者是二或是一？」

答：

「可以二合一，也可以一化二，甚至更多。例如：盧師尊的法身（分身），分佈全世界各國，其數不可計。」

什麼是佛？什麼是道？

很多人不明白，什麼是佛？什麼是道？

雖然他們信佛、信道。但，要他們講，也是一場糊塗。

事實上：

佛，不可說。

道，不可言。

這下子，如墜入五里霧中，迷迷糊糊，找不到根本。

有人問禪師：

「什麼是佛？」

禪師答：

「佛。」

又問，「什麼是道？」

禪師答：

「道。」

（這是一字禪）

但，仍然不明白。有說等於沒說。

老子說，道可道，非常道。

佛也可說，佛可佛，非常佛。

這「非常」有很深的意境，實在是非常中的非常。

有人問盧師尊：

「什麼是道？」

盧師尊答：

「無為是道。」

問：

「為什麼？」

答：

「若有所為，必有執著。也有得，也有失。若有了執著，離道遠啊！如果無所為，就無所謂；無所謂，則近道。」

問：

「無為是什麼都不做嗎？」

答：

「非也，是無為而為。因無為，則無煩惱，煩惱斷盡，則近道。」

問：

「什麼是佛？」

盧師尊答：

「無所得。」

問：

「為什麼是無所得？」

答：

「無所得，頓斷煩惱、執著。只要領悟無所得，才能漏盡通，煩惱已漏盡，即是佛也。」

我說：

「無為、無所得。無我相、無人相、無眾生相、無壽者相。」

莊子主張：

「同于大通。主張（去識），主張（去智），主張去（人我）。」

而道是：

「合大造化于一身。」

「虛極靜篤。」

《心經》中明白指出：

「因無所得，而菩提薩埵。」

這是最上乘的修佛要訣，也是修道的要訣。

佛說：

一切有為法，如夢幻泡影，

如露亦如電，應作如是觀。

「無為」、「無所得」。

解脫了！

人生的意義

有弟子很直接的問我：

「盧師尊，您這趟人生，什麼意義呢？」

我答：

「我是來示現的。」

問：

「示現是什麼？」

我答：

「我示現苦、空、無常、無我。」

問：

「這是佛教基本上的知識，學佛的人，都知道的。」

我答：

「人總是健忘的，健忘了就迷，顛倒妄想，必須一次又一次的提醒。」

問：

「這就是度眾生？」

答：

「正是。」

問：

「示現苦、空、無常、無我。對眾生最主要的啟示是什麼？」

答：

「是教導眾生離苦得樂。」

問：

「人生是苦，樂從何來！」

答：

「因為苦，才教人精進，若不精進，只有一再的輪迴，永遠有苦受。」

問：

「精進於什麼？」

答：

「以修真佛密法，斷惡行善。在外善業增長，在內修禪定。」

問：

「精進修善業，精進於禪定，有何益處呢？」

答：

「善業，使人不墮惡道，即（地獄、餓鬼、畜牲）。禪定，能生聖道，即（佛、菩薩、緣覺、阿羅漢）。」

問：

「智慧重要嗎？」

答：

「智慧重要。可破愚昧、可破懈怠、可破障礙。」

問：

「智慧如何產生？」

答：

「告訴大家，苦、空、無常、無我，就是大智慧。無為是大智慧，無所得更是大智慧。」

問：

「娑婆人間，有知識的人，如此多，為何他她不是如此追求的？」
答：
「有知識，但，迷於財、色、名的，也甚多。能夠清醒的少之又少。」
問：
「這就是您盧師尊來娑婆，度化眾生最大的意義是嗎？」
答：
「正是。」
問：「還有其他的嗎？」
答：「沒有了！」

生命的無常

當我寫這篇文章時，二〇二五年三月二十八日。
東南亞的「緬甸」發生七・七級的大地震。
我看見：
很多大樓一下子成廢墟。
死傷遍野。
估計死亡人數萬人。
大地裂開。橋斷路毀。
活埋在瓦礫中的人，不知有多少？
一剎那，彷彿是世界末日。
…………。
我看了電視報導，口中喃喃的唸著：
「阿彌陀佛！可憐的天下蒼生！」
我的內心極度哀傷。

我想起：

刀兵劫、地水火風的災難，在這娑婆世界，不斷的重複演出。

「哎！可憐的眾生！」

每一個人的生命，猶如風中之燭，隨時隨地都會熄滅。

我又要忙著「超渡」了！

我今年八十一歲了！

之前，我很少有皮膚炎的毛病，而今年，皮膚困擾了我。

很癢！

紅斑！

紅豆冰的一點一點！

我用盡了我所知道的藥物，仍然不能好，用盡了所有的方法，也無法阻止。

我絕望了！

這是我身體的無常！

其實我生命的無常，也不遠了！

附：「慧藍師姐」的無常

頂禮偉大慈悲的師尊好：

弟子感恩師尊慈悲無量！愚弟子蓮彥代表巴拿馬常弘雷藏寺、寶華同修會眾弟子無盡感恩師尊慈悲大加持！感恩師尊指引弟子們從深處的黑暗走向光明的大道，當弟子們無助時，師尊您一定會出現守護著我們，師尊您是弟子們永遠的依怙，師尊恩情浩瀚，弟子無以報答，感恩師尊慈悲不捨棄！

無上慈悲敬愛的師尊，感恩師尊慈悲接引及守護慧藍師姐的靈識回到原來的悉地！慧藍師姐從小到大都是非常純真可愛、美麗善良、助人為樂、人見人愛的小女孩，她有一種自然的磁性，男女老少都自動喜歡接近她，每一位接觸她的人都會被她的氣質行為而感動，她在今年十九歲離開人間，令大家都非常的不捨及感到惋惜。雖然她的人生短暫但卻很圓滿精彩，因為她是俱足福德仙女，她是蓮花童子。

回顧三月七日晚上十點，弟子收到燕芬師姐的留言，她說她女兒慧藍突然昏迷不醒，弟子即刻上香向師尊稟告，弟子看到師尊的法身早已用很強很亮的大光明一直守護著她女兒。隔兩天瑤池金母讓弟子看到燕芬師姐、慧藍師姐她們的因緣，她們母女都是來自瑤池仙境的天女，慧藍師姐是俱足福德仙女，她也是蓮花童子，慧藍師姐的願力只想來人間短暫走一走就回到天上去。由於她是俱足福德仙女，雖然她來人間很短暫，但依她的願力也可以度化很多跟她有緣的眾生，她知道人間是一個大染缸，但她定力十足，道心堅固，堅定自己的願力，在師尊的大力加持下，她毫無污染地回到本來的淨土。師尊的法身知道俱足福德仙女心意已決，但師尊您不想讓燕芬師姐、她的家人及所有愛護她的人傷心，師尊的法身慈悲示現讓燕芬師姐在飛機上看到她女兒的天女相。燕芬師姐說，她在飛機上修法時，她女兒出現跟她一起修法，她看到她女兒很漂亮，她自己忍不住讚歎說，我女兒好漂亮哦！她也有跟她女兒說：女兒，是妳嗎？如果真的是妳，妳就挨著媽媽好嗎？她女兒真的挨著她一陣子，接著她看到師尊的法身、瑤池金母、觀世音菩薩、準提佛母，還有數不清的佛菩薩出現，她修法這麼多年，第一次看到這麼多的佛菩薩顯現加持，而且在這時候，師尊的法身放出很強很亮的光加持她們，她本身修法也可以看到光，但這次是她修法到現在，看到最強最亮最特別的光。燕芬師姐知道師尊一直跟她同在一起，她說她很慶幸今生能皈依師尊，她真的很感恩師尊時時刻刻的守護與加持，她說她一定會好好修行報答師恩，她也希望如果在人間緣盡時，也可以像她女兒一樣有福報得到師尊的大加持順利回歸悉地。

敬愛的大慈悲父師尊，您總是默默不顧一切地為眾生，盡所有一切加持弟子、圓滿弟子，弟子真的不知如何報答感恩師尊，您很愛弟子，您不捨得弟子難過，弟子也是一樣很愛師尊，弟子也不捨得師尊難過，請師尊放心，巴拿馬弟子在師尊的大力加持下，大家的修行都不斷地在提升，相信慧藍師姐的示現會讓巴拿馬弟子更加的團結一致，更加的明白人生無常，更深入體會師尊的慈悲廣大無量無邊的愛，把握當下師徒之情的寶貴，敬師、重法、實修。師尊我們愛您，請師尊多保重！巴拿馬眾弟子祈願師尊常住世間，長壽自在，大樂任運，永轉法輪！

愚弟子蓮彥及巴拿馬眾弟子虔誠跪叩頂禮師尊

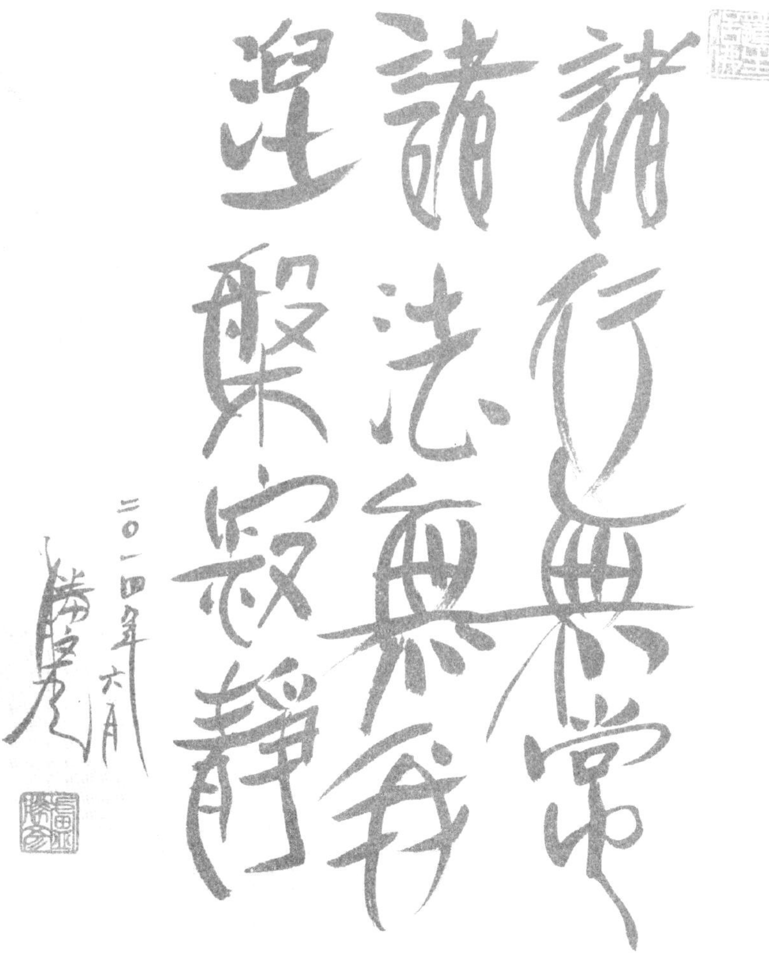
諸行無常
諸法無我
涅槃寂靜
二〇一四年六月

盧師尊寫的「無常詩」

其一：
初生我哭
死後衆哭
一生無常
也是斷腸

其二：
地水火風
變化無常
春夏秋冬
那是當然

其三：
管汝幾歲
瞬間無常
生老病死
空忙一場

其四：
今年明年
時光易逝
後來末年
一閃即逝

其五；
無可奈何
處處死坑
一跌下去
無人能生

其六：
勤念彌陀
隨喜善業
如此準備
時到就走
（這幾首無常詩，淺顯易懂，隨手拈來，供大家警惕）

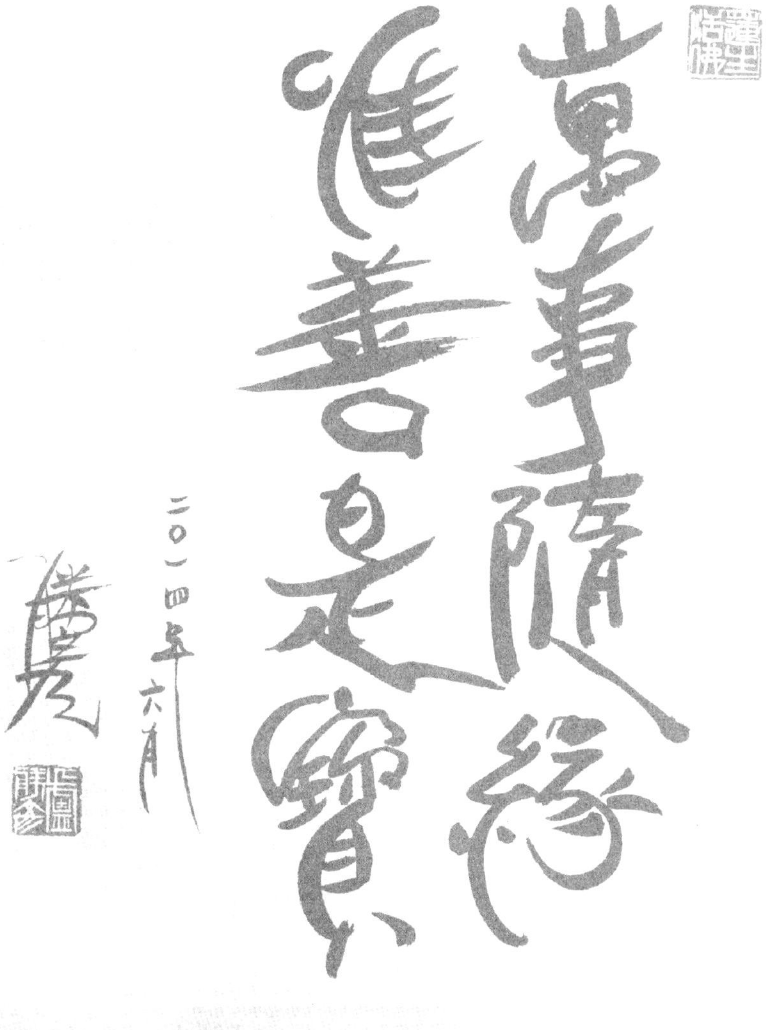
萬事隨緣
唯善是寶
二〇一四年六月

與「空行母」的對話

這篇文字是「蓮花彩虹」與「空行母」的對話。我（盧師尊）把它整理，成為以下小文，公佈讓大家知道。

「蓮花彩虹」參加「勾財天女」護摩。她去禮拜師嬤（觀世音菩薩），經過大白蓮花童子像前，有一空行母進入體內，在這一剎那，她立即就懂了空行母的語言。

從此有境界出現。

一、空行母與蓮花彩虹能流利的對話。

二、空行母會唱歌、會跳瑜伽空行舞。

三、空行母有大威力，她體內能量排山倒海，氣勢奔騰。

節錄對話如下：

其一：

我問：

「進入我體內的是誰？」

答：

「我是大白蓮花童子的空行母。」

我問：

「祢為何進入我的身體中？」

答：

「祢和蓮花童子無分別，我要護持妳！」

其二：

我回家買菜。

空行母問：

「怎麼車子那麼的多？」

我反問：

「祢原來的地方有車嗎？」

答：

「沒有！」

問：

「那有什麼？」

答：

「有很多菩薩、有仙人、仙女，雲來雲去！」

空行母問：

「買這麼多菜！」

我反問：

「祢們吃什麼？」

空行母答：

「我們是吃靈光，如鮮花、果品、靈芝、仙草。」

其三：

空行母看見有人掃樹葉。

「他在做什麼？」

答：

「掃樹葉！」

我反問：

「祢住的地方沒有樹葉？」

祂答：

「我們是金樹，葉子是金子，也有金花與銀花。……」

其四：

我問：

「祢究竟從那裡來？」

祂答：

「太陽！」（大日）

「不熱？」

答：

「很清涼！」

我問：

「太陽裡面有住的地方？」

答：

「無數的黃金宮殿。」

（盧師尊註：據我所知，太陽宮殿的名稱是「九重天上珠光寶殿」）

細說「明點無漏法」之一

我（盧師尊）修習密教，得上師教導「明點無漏法」。我修了五年之久，才證驗了完全無漏。現在我證實，此法珍貴，成就者不多，宜當珍惜。

我將「明點無漏法」的修行心得，很仔細的寫出來，有緣者可以參考。

問：

「明點無漏法，有何益處？」

答：

「黃帝問曹熬，明點無漏有何益處？曹熬回答：第一回合不泄明點，會令人耳目聰明。第二回合不泄，聲音洪亮。第三回合不漏，皮膚會有光澤。第四回合不泄，可使脊柱臂肘關節不被損傷。第五回合不漏，則臀部、大腿豐滿壯實。第六回合不泄，可使全身經脈通暢。第七回合不漏，可使終身無欲。第八回合不漏，延年益壽。第九回合不泄明點，可使人進入神明境地。」

（盧師尊認為，這些益處，只是大概而已。終於最高成就，是即身成佛，

光芒四射，身化虹光）

問：「修此法的要訣是什麼？」

答：

「心志安寧，心定神閒，身心俱泰，在這種狀態修，才能得益。」

問：

「口訣？」

答：

「口訣是念頭轉移清淨。這點非常重要，不可沉浸在淫念妄念之中，淫妄之念，要迅速除去。」

問：

「技巧？」

答：

「我說過很多次了：

一、日月朝天。

二、舌抵上顎。

三、壓喉結。

四、腹貼背。

五、上行氣盡出。

六、提肛。

另有，收縮四肢，雙手握固，停止動作，觀想本尊，轉移注意力，或壓痛神經等等。」

問：

「聽說皮膚光澤美麗，和明點無漏有關？」

答：

「是的。」我說：「人要保持皮膚光澤，須要精神充盈，而精神充沛需要『元精』充沛，元精充沛全靠勿亂泄，除了節制無洩之外，還可以用補的，補的是藥物或食物。」

問：

「什麼食物？」

答：

「例如烏之罣丸（烏卵）等的食物，可以補精益氣，這是吐登達吉上師教我的。另有很多的補品。」

我補充：

「要治陽痿，可詢中藥醫生，中藥有很多補品，可治陽痿，及儲備元精，有食補及藥補。」

我個人覺得「節制」及「保精」是「明點無漏法」的基礎。

細說「明點無漏法」之二

問：

「人的身體，如何形成？」

答：

「是天地父母的精氣形成，形成之後，要靠『氣』成長，所以氣很重要，密教的蓮華生大士說，氣是最好的食品。」

問：

「精氣神的關係？」

答：

「三者是一貫的。即精化氣，氣化神，神化虛，虛靜成仙。」

問：

「密教氣、脈、明點法，與精氣神也有關聯嗎？」

答：

「正是有關聯，明點也就是精。」

問：

「為何長壽？為何短壽？」

答：

「長壽者，精足，氣滿，神沛。短壽者，精不足、氣薄弱、神不守，自然夭折也。」

問：

「這是什麼道理？」

答：

「不是什麼大道理，是天地的原則，天地有自然的變化。春夏秋冬，月的圓缺，地的高山大海，這都是有規律的，合乎自然就是道，不合乎自然，就被淘汰。」

問：

「什麼是修法原則？」

答：

「力戒惡行，多行善事，培養好習慣，全身上下都有精氣。」

問：

「有不好的氣嗎？」

答：

「是的。春天要防避濁陽邪熱之氣，夏天要防避暑熱之氣，秋天要防避霜露之氣，冬天要防避嚴寒之氣。一定要除去四種災害的氣。」

問：

「PM二．五要防避嗎？」

答：

「污濁的空氣，當然要防避。所以修氣的人，常住高山。」

問：

「呼吸吐納有原則嗎？」

答：

「呼吸吐納要細要慢要長。可使耳聰目明，深藏於丹田，心情愉悅，五臟六腑就會健康。」

（呼吸吐納又急又快又短，那是死亡的象徵，一點益處也沒有。律動呼吸

法，只有在拙火剛點燃時，才可以暫時的用）

問：

「為何必須修氣？」

答：

「百脈精氣通暢，明點無漏法，一定要用到氣的。沒有提氣，就不能無漏，就是這個道理。」

（要明點無漏，唯有用氣提精，讓精液不泄出，此理甚明）

問：

「聚元精也須氣？」

答：「正是。」

細說「明點無漏法」之三

問：

「什麼是日月朝天？」

答：

「日月象徵我人的眼睛，也就是兩眼向上翻，雙眼看上方。」

（一者轉移注意力，二者是提氣上頂竅）

問：

「什麼是壓喉結？」

答：

「喉部壓住，使上行氣下不去，這是很重要的一個動作。」

（我比喻，是吸管作用。當你將吸管上方，用指頭壓住，吸管內的水，便不滴下，若一鬆手，水就洩光了）

問：

「什麼是舌抵上顎？」

答：

「舌抵上顎，是舌頭抵住上方，俗語是『搭天橋』。這是接上丹田及中丹田的方法，讓明點下降及氣上升的要訣。」

（舌抵上顎，修氣的人均明白，那是必備的，主要是氣脈明點相接）

問：

「什麼是腹貼背？及上行氣盡出？」

答：

「腹貼背其實就是收小腹部，上行氣盡出，就是將上行氣排出身外，呼出上行氣。這個作用是淨空上方，上方真空狀態，能將下行氣提住，向上而行，而精氣明點才會向上提住，這點很重要。」

問：「什麼是提肛？」

答：

「提肛是忍大便的方法，將肛門夾住，等於把明點（精）夾住，不會往下滴，而是往上提，這是無漏法的重要口訣。」

收縮四肢——是提住。
握固印——雙手抱拳，也是提住。
停止動作——止住樂受，回歸平靜。
觀想本尊——清淨心。
轉移注意力——停止妄念、欲念。
壓痛神經——注意力的轉移。
問：
「這麼多的技法，如何一次完成？」
答：
「熟能生巧！」
問：
「這麼多的技法，那幾項最重要？」
答：
「那一項，你能提住而且不洩，這就是最重要的。」
問：

「什麼時候才用技法？」

答：

「當發覺初樂開始，行者要有警覺之心，情況是要發射，那就是關鍵時候，馬上修技法。」

問：

「那是千鈞一髮！」

答：

「正是。」

（盧師尊註：說也奇怪，等你一切都成熟了。久久無洩漏之後，它自然而然就無洩漏，甚至什麼技法也不用做了，但，叫它止就是止，這就到了「隨心所欲」的時候，心一想就成辦）

細說「明點無漏法」之四

問：

「天下什麼最寶貴？」

答：

「生命！」

問：

「生命什麼最寶貴？」

答：

「元精！」

問：

「元精又如何保持不散不亂？」

答：

「要審查天地陰陽變化的規律，我們人的生活也要有規律，要保護元精，施或守要節制。」

問：

「彭祖壽命最長，如何辦到的？」

答：

「彭祖長壽健康重點在保養及愛護元精。」

（據我所知：

彭祖說：

百脈皆通暢。

元精要保養。

元精要輔佐。

元精要成長。

吐出陳廢之氣，收入清新之氣。

要吞咽津液，服食滋補的食品及藥。

謹慎守護元精，不妄洩漏。

要瑜伽體功。

彭祖的養生之道，有內功、有外功，清心寡欲，心情平靜，不讓自己的元精有損傷。

百脈皆通用的是瑜伽。）

問：

「理論是知道，但，如何做？」

答：

「一、是垂直四肢，伸直脊背，按摩臀部。

二、是活動前陰，緊縮肛門。

三、合上睫毛，閉目養神，不聽靡靡之音，收精氣充滿腦部。

四、口含津液，用舌攪之，最後咽下。

五、各種精氣，上聚腦部。

六、閉精不泄。」

問：

「一般人長期勞累，身體衰弱，根本就是陽萎，又如何振作？」

答：

「這必須讓氣血元精永遠的旺盛運行，才能振作起來。」

問：

「怎麼做？」

答：

「先要身上的脈路全部通暢，才能讓氣血元精再活起來。密教的方法，要金剛瑜伽拳，外用動功，如亥母拳，或太極拳也可以。這是六日體功法。內要修氣，平心靜氣，平時注意營養，食補藥補，如此就一天一天的振作起來。」

問：

「已修成明點無漏法，接著要修什麼？」

答：

「須要拙火將明點（元精），化為氣，氣再化為神光。這些不管在道家或密教，均是如此，要請教高明的師父，一一指點，如此，成就必然現前。」

「眠光法」法要

我曾說過，睡眠也是一種修行，這種睡眠叫「眠光法」。

「睡眠」這兩個字，看來很平常，但，它是人生的一個重要一環。

不只是人類。

大凡天空飛的禽鳥，水中游的魚，地上爬的動物，要靠吃才能生存，要靠睡眠才能成長。

食是大學問。

睡更是大學問。

有一位醫師，指著窗外的行人，對我說：

「盧師尊！這些人，每三個人，就有一個睡眠有障礙的。」

我聽了！大駭！

認真的說，確實是如此。

睡眠真的太重要了。一個晚上不能睡覺，很多天也補不回來的。

身體健康，睡眠第一。有一位養生專家，他說：

「養生的第一名，就是睡眠。」

睡眠能恢復體力。

睡眠消除疲勞。

睡眠能消化食物。

睡眠增長免疫力。

睡眠可以治病。

……。

我修「眠光法」（睡在大光明中之密法）已有多年，茲將心要口訣述之如下：

身子仰臥。

全身放輕鬆，頭朝上，四肢放軟。

觀想喉輪，昇上一道紅色的光，光中有一個咒字「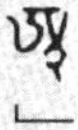」。

由「」字，化為「阿彌陀佛」。

「阿彌陀佛」周身無量光，光是紅色，紅色的光網如蚊帳，將行者的全身照住。而行者自身也變成咒字「[illegible]」。

雙「[illegible]」字合一。

等於小紅光融入大紅光。阿彌陀佛即行者，行者即阿彌陀佛。

於是：

口誦真言：

「嗡。阿彌爹娃。些。」

這個真言一直輕輕的念著，不計其數，一直念到睡著。

如果在睡夢中，亦能不停的持咒，這就是夢中亦在修行。

決定往生。

因為有紅色光網將自己全身照住，一般的邪鬼不能侵犯，等於是一種「結界」，睡在大光明之中。

（盧師尊註：如果「眠光法」修不來，也有一種「眠空法」。）

眠空法如下：

仰臥放鬆。

口中念「讓」字，是「火」燒自身，把自己燒成灰燼。
口中再念「樣」字，是「風」吹灰燼，把自己吹向虛空。
口中三念「康」字，是「空」，床上的自己完全消失，床上已無自己。
進入「空」境，而入眠。
在此時此刻，行者自己已融入虛空之中，完全消失了。
此「眠空法」甚殊勝也！

「納氣」心要

有弟子問我：「如何是納氣？」

我答：

清晨起床打坐，先伸直脊背，放鬆臀部，提肛導氣，運氣下行，這是「治氣」。

漱咽口中津液，吞入胃腸，垂直臀部端坐，豎直脊背，提肛導氣，氣運至生殖輪，這就是「至氣」。

接著放鬆脊背，提肛導氣，將氣運入臍輪（下丹田），這是「蓄氣」。

接著，不要心急，不要太快，放鬆柔和，將氣慢慢散到全身四肢，這是「和氣」。

接著，身心靜靜的坐著，吸氣入身，氣導至周身，保持著精氣充滿，這就是「滿氣」。

這種修法有益：

一、不氣塞。
二、不氣泄。
三、不氣竭。
四、不痿縮。
五、不耗費。
六、不心亂。

如果更深入的「納氣」，有八種。
隨咒持氣法。
通日脈持氣法。
勝利持氣法。
風箱持氣法。
清涼提氣法。
蜂鳴持氣法。
意醞持氣法。
本然持氣法。

（這八種方法，若要細說，一本書也寫不完，是必須擇人傳授的，而不是普傳）

「納氣」的覺受：

吸入的氣，細慢長，是重要的口訣。

細——若有若無。

慢——心平氣和。

長——至下丹田。（周遍全身）

（註：吸入多，呼出少，長壽。吸入少，呼出多，短壽）

學禪定者，應從「數息法」下手。

意識有四態：「醒」、「夢」、「眠」、「定」。要得到「定」，「氣動心動」，「氣若有若無」才能入定。

記住一句話：

宇宙是大我（大氣）。

吾人是小我（我氣）。

將我的氣，融入大氣之中，就是小我進入大我。

這是密教成就法。（入我我入），即是彼即我，我即彼。以安適的心，修瓶氣持氣，將念頭從一切外境回收，心注兩眉之間，會出生大喜樂。

當雙手掩耳的時候，行者會聽見內在的聲音。

聽聲音而發咒音，是氣、咒合一的修法，可以進入不同層次的三摩地。

拙火欲昇起，用「風箱持氣法」，收小腹及凸小腹的方式。

九節佛風是專一瑜伽。

寶瓶氣是拙火瑜伽。

金剛頌是氣咒瑜伽。

命氣是不可以動的，在心際。其他，上行氣、下行氣、遍行氣、火伴氣，是可以動的，各有作用。

這是我個人的覺受。

「蓮彥」的文章

最近，很多弟子都知道：師尊每天晚上都在忍受濕疹的病苦，甚至常常流淚。

今天早上，我在空行基地用天語向師嬤菩薩和瑤池金母傾訴。我說：「媽媽，我昨天已答應師尊的法身不再哭泣，因為師尊的法身說不忍看到我哭，所以我會努力做到的。雖然今天我還是忍不住流淚了……但我會努力警惕自己要做到，因為這是我對師尊法身的承諾！」

慈愛的媽媽，您們最疼愛師尊，您們都有法藥，為何您們不賜給師尊法藥？難道您們忍心這麼長時間看著病苦折磨師尊的肉身嗎？

師嬤菩薩與瑤池金母聽完我的傾訴後，同時流下眼淚，慈愛地說：

「孩子啊，你的師尊不捨一個眾生，我們真的有賜給你師尊法藥。但你師尊說，祂不要自己一人獨得法藥，眾生更需要法藥，祂要每一位眾生都能得到法藥，所以我們也沒有辦法啊！」

聽了師嬤菩薩及瑤池金母的慈語後，讓我想起之前師尊跟弟子聊起濕疹一直沒有好，每天晚上都對瑤池金母大哭。那時候有弟子問師尊：「那瑤池金母如何說？」師尊說：「瑤池金母不理我！」當時弟子們聽了一頭霧水——瑤池金母那麼疼愛師尊，怎麼會不理師尊呢？

今天我們終於明白為什麼瑤池金母「不理」師尊，原來師尊所有一切都是為眾生。每天大哭也是為眾生哭，師尊選擇把我們所有弟子、所有眾生放在祂自己前面。這就是我們偉大的師尊啊！為了眾生，祂用身體在示現病苦，就是希望我們能醒來、能修行、能發願懺悔，早日離苦得樂。

其實，在藏密的傳統裡，當上師示現病苦，是一種非常深奧、偉大的慈悲示現，是弟子們積福、消業、迅速成就的一大機會。弟子們若能此時懷著信心、懺悔心，用心持咒、修法、行善迴向給上師，將使弟子解脱與成就變得快速且不可思議。

現在師尊所示現與蓮華生大士也是無二無別，蓮師曾說：「為了利益眾生，我甘願示現病苦。」祂也説過：「弟子若真心誠意，能將災難轉為吉祥。」

所以啊，親愛的金剛兄弟姐妹們，我們跟師尊是一體的，祂的苦，也正是我們及所有眾生的業障顯現出來的。我們要一起更加精進修法，持咒、懺悔、迴向、發願，希望眾生有福報，師尊健康長壽住世，佛法永遠不衰。

讓我們一起守護這份偉大的願心，珍惜師尊為我們的每一份付出。不要只是感動，要把感動化為行動。讓我們一起修法、持咒、行善，迴向給師尊與一切眾生。

因為——

眾生好，師尊才會好。

師尊健康，佛法才能傳得更遠、更久。

「蓮彥」的這篇文章，令我有「無常」的感觸，不只是「生死無常」，也是「老病無常」，也即是「諸行無常」。

在這「千變萬化」的世界，要體會「無常」，我常勸眾生：

一、去墳場。
二、去醫院。
三、去老人院。
你的感觸會更深！
寫詩幾首：
其一：
盧師尊，如龍虎，
單槓雙槓轉車輪，
昨日通宵寫文章，
今朝已是大迷糊。（病倒了）
其二：
盧師尊，遍地遊，
五洲弘法不覺苦，
昨如此，今如此，
現在獨蹲南山苦苦苦。（老了）

其三：

盧師尊，不瞌睡，
精神足，少林棍，
打起拳腳不含糊，
上法座，說佛法，
十方法界笑呵呵，
而今日，
東倒西歪如眠屍。（八十一歲了）

註：

我（盧師尊）覺得死不可怕，可怕的是死前的老病之苦。唉！「無常可畏」，我等眾生，彼此珍重。

諸行無常
二〇一四年五月

「小月」師姐的了悟

敬愛的　師佛：

弟子小月在小城已安定下來，女兒張敬慈同我住在一起，向　師佛報平安，弟子非常想念　師佛，請您保重佛體❤，小月在這次經歷「情劫」之後，心開了很多，放下了以往很多的執著，感恩　師佛加持護佑。

有一日，弟子打坐，心中很苦痛，忽然之間，心口聽到了六祖惠能大師的一句開示，很清晰。

佛性本堅，煩惱可亂；（而）煩惱本堅，般若（智）可破，在那個當下，弟子的心一瞬間振動，似與虛空鏈接，原來虛空是我的佛性（本性、真相），非常的堅固，不被任何力量破壞，我看到虛空中（吾心中）有很多的星系、星球，星球上花開花謝，五顏六色，甚是美麗，虛空中有彩色的星雲，這個空間中，萬物有生、有滅、相遇、離開，全是因緣法。

弟子忽然了悟，我心就是如此空間，如一個舞台，萬物在舞台上隨應「因緣法」而聚散、生滅，允許一切的發生就如同一朵雲，聚則成雲，而散則為雨，人、事、物都會變化，全是無常，像舞台劇一般，演出而後謝幕，但卻絲毫不影響這個舞台，舞台上演什麼劇都不會影響舞台的如如不動，即為佛性本堅。

吾心即是此不壞虛空，此為金剛不壞的佛性，而小月因為舞台劇的劇情變化而生出的種種煩惱，煩惱雖多、雖堅固，但般若智一旦升起卻可破除煩惱之心，我只需要把散亂的煩惱心收回到我本身，本來堅固的虛空的本心中。

了悟的那刻，弟子身體感覺一種如山一般的穩定的力量，像一種波動／振動，從心口升出，擴散到周圍，迅速擴散到宇宙空間，弟子身體被定在原地，頭頂有一碗水澆灌入很清涼，瞬間，一切愛恨情仇，像雲朵一樣，輕輕飄過，來了又散了，如同觀電影一樣，畫面閃過，小月向師佛匯報我修心的覺受，感恩　師佛和我心的鏈接，「一切神佛如電拂」，您的心和小月從未分開，看似相隔千山萬水，如同我們堅固金剛不壞之佛時，我發願所有見聞我者升起覺醒的智慧，找到本身具足的真愛，我發願幫助助力一千萬女性成長般若智慧，自利利他，成就覺醒本來面目。

請　師佛慈悲，加持小月弘法事業圓滿，也請　師佛幫小月做一個殊勝的緣起。

弟子磕謝師恩，磕謝佛恩，願您法界如意

圓滿光明，弟子永遠頂戴　師佛　盼再見

愚弟子小月二〇二五年四月十八日

我（盧師尊），對「小月」師姐的了悟，感到一絲的欣慰。

「小月」長得美麗清秀，身高健美，臉上總是甜甜的笑靨。

她有進取心，有智慧！

我說：

執著放下，煩惱頓斷，這是了悟的象徵，一個人有了悟境，就雲開天青了！

有人問我：

「盧師尊！你悟了什麼？」

我簡單的答：

「無干涉！」

又問：

「你不是『金雞獨立』嗎？」

我說：

「我是悟無生！」

（無生法忍，一切諸法無生無滅。）

又，（法忍是慧性，見法無生，心智寂滅，已無退不動。）

又，（無生法忍，乃至微細法不可得，不作、不起諸業。）

又，（真如實相理體。）

講了這麼多，很多人也不一定明白，簡單白話是：「合一至上的本體，安住本然自性，這個時候，真如之心不憂不愁，也完全沒有欲求，因為一切無所得。」

此時是：

悟空。

悟無。

悟淨。

悟無無無。

我寫一首「小詩散文」送給「小月」：
盧勝彥是誰？
小月又是誰？
又有什麼是作為？
你我之間遠隔千山萬水，
我的呼喚早已被風吹散，
你的思念，
如溪水流盪，
彼此的分別註定了又聚又散，
我對你一無所求，
你對我一無所求，
這一切，
就是平平淡淡。
我只期盼，
認識妙明真心，
你就住在妙明真心裡，

這是你我共同的迴向，
光彩是一樣，
光彩永恆是一樣。

再寫一首「散文小詩」送給「小月」：
心的寂滅，
要建立在信念的穩健，
虔敬的生活，
不快不慢，
讓靈性不中斷，
執著必須放下，
煩惱畢竟緣空，
你會欣喜，
一切實相就在前，
光明璀燦。

蓮花曉光之見

頂禮敬愛的師尊：

祝師尊身體健康，長壽自在。

弟子在三月二十四日問事時向師尊匯報護摩感應後，覺得當時因時間倉促，忘了一些重要內容，於是決定再寫成文字提供給師尊。

回洛杉磯後，弟子很快就上班了，期間工作及瑣事繁忙，所以拖到現在，才寫給師尊，還請師尊原諒。

有關二〇二五年二月十六日不空羂索觀世音菩薩護摩法會的感應匯報：

（一）不空羂索觀世音菩薩的落淚：

師尊在結手印加持護摩爐前懸掛的不空羂索觀音畫像時，菩薩的眼裏流出了兩行眼淚。弟子的感受是菩薩心疼師尊（師尊每天太辛苦，菩薩深受感動）。

師尊在點火時，從菩薩身中現出萬道金光，有點像蜘蛛吐絲一樣，條條瑞光將師尊整個身體包裹起來，弟子猜測應該是加持師尊身體健康。

師尊走回大殿時，不空羂索觀音變成白衣大士觀世音菩薩，與此同時，虛空中出現了滿願童子。

（二）舍利塔及師嬤菩薩的化現：

在禪定中，弟子面前出現了一座黃金的舍利塔，足有半米高，放出了七彩的光芒，裏面裝滿了白色的舍利子。虛空中有天女飛行。塔前有人潮湧動，禮拜塔。仔細看竟然是雙蓮境界的屋內。弟子大駭，弟子們朝拜的是師尊啊。弟子頓時雙目濕潤，不會吧！難道這是什麼預示嗎？

弟子感到自己來到彩雷空行聖地師嬤菩薩的像前，天空出現了耀眼的大日光，同時，師嬤菩薩現菩薩像出現在弟子的頭頂上，用楊柳枝撒甘露在弟子頭頂上，淨化弟子。

（三）師尊、師母的示現：

看到大雨中，師母走在泥濘的路上，踉踉蹌蹌。艱難的走向遠方。慢慢的消失在風雨中。感覺師母是用堅強的毅力與病魔對抗。

接著師尊出現在路上，天空中烏雲密佈，打雷閃電，狂風暴雨不停地打在師尊的身上，不久，雨過天晴，從地上向虛空升起一道彩虹，師尊站在彩虹上，飛向虛空。這是吉還是兇？難道是預示師尊要？？？？？？？？？弟子不敢再往下想了。

（四）瑤池金母與師尊的對話：

在天界的大殿裏，瑤池金母對師尊講：「歡迎你回來」，師尊說道：「我不想這麼快就走，我得給弟子們一個心理準備，不然的話他們會受不了。」瑤池金母沉默一下，接著對師尊講：「好吧，不要給自己拖累太久。」此時，虛空中出現一行字：時間越來越近了。弟子頓時熱淚盈眶。弟子希望這一天永遠不會來。弟子捨不得您啊，師尊。

（五）師尊肺腑之言：

在天界的一處園林，這裏有奇特的果樹，上面長滿了像荔枝一樣的紅色果實，師尊摘了很多，放在一個籃子裏，然後自言自語地說：「這是我最後能給弟子留下的，希望他們能夠珍惜。」（弟子不知這紅色的果實代表什麼？）

（六）彩雷落日的寓意：

冬季的彩虹雷藏寺的山林被白雪覆蓋，落日漸漸地消失，大地緩緩進入黑暗之中，此時，弟子的耳邊響起了一個聲音：「一切都會成為永遠的記憶。」弟子再也無法控制住自己的眼淚，頓時奪眶而出。為什麼我會看到這些。

而這次護摩後，正是師尊在宣講我做龍王壇城及水解脫磚的事，本來應該是高興的事，可弟子實在無法開心，弟子心情十分沉重及難過。內心極度痛苦。

（七）灌頂時的瑞像：

師尊在護摩結束後給大家灌頂時，弟子看到不空羂索觀音心中飛出很多小分身來加持每位弟子，同時，大殿屋頂放出了七彩的光芒，其中藍色最粗壯。

（八）自家護法龍王的示現：

在護摩中看到自家壇城的護法龍王出現在弟子面前，面帶微笑，不過其以前是穿黃袍，但這次是穿紅袍。弟子感覺可能是祂的果位升了。

還請師尊開示弟子的猜測是否正確。

以上即此次護摩感應的匯報。

從西雅圖回來的頭兩天，弟子心中像撕心裂肺一樣的傷心，弟子心疼師尊，難捨師尊。希望弟子看到的都不是真的。弟子也不知能為師尊做些什麼。

弟子在金母面前，真誠的祈禱，祈求金母護佑　師佛身體健康，吉祥如意。

此外，弟子放生，點燈為師尊祈福。我和安妮都愛您，想念您。

弟子蓮花曉光跪拜頂禮

二〇二五年四月二十一日

「蓮花曉光」的看見，是真實見。

瑤池金母說：

「盧師尊，時日一至，就回來吧！」

我說：

「我會不捨娑婆的弟子們！」

瑤池金母說：

「回天上接引弟子，與人間接引弟子，是一樣！」

我說：

「我懷念弟子！」（情深意重）

瑤池金母說：

「有緣者，將來必會相聚，屆時，自會歡喜。」

我默默無語。

淚如泉湧！

又，

「紅色的果實」就是「具緣果」，採下具緣果，放入籃中，有三個意思：

一、讓眾生具足佛緣。

二、讓眾生佛緣成熟。

三、讓盧師尊度更多的有緣眾生，共同證明菩提。

（同證無上正等正覺）

寫一首詩吧！

「給有情弟子們」

瑤池仙苑外
記得
我們同進退
時日若至
我心先碎

天女齊歌搖雲扇
舞姿翩翩迎佳賓
微妙天音
成雙成對
人已去
書詩猶在
期盼再相會

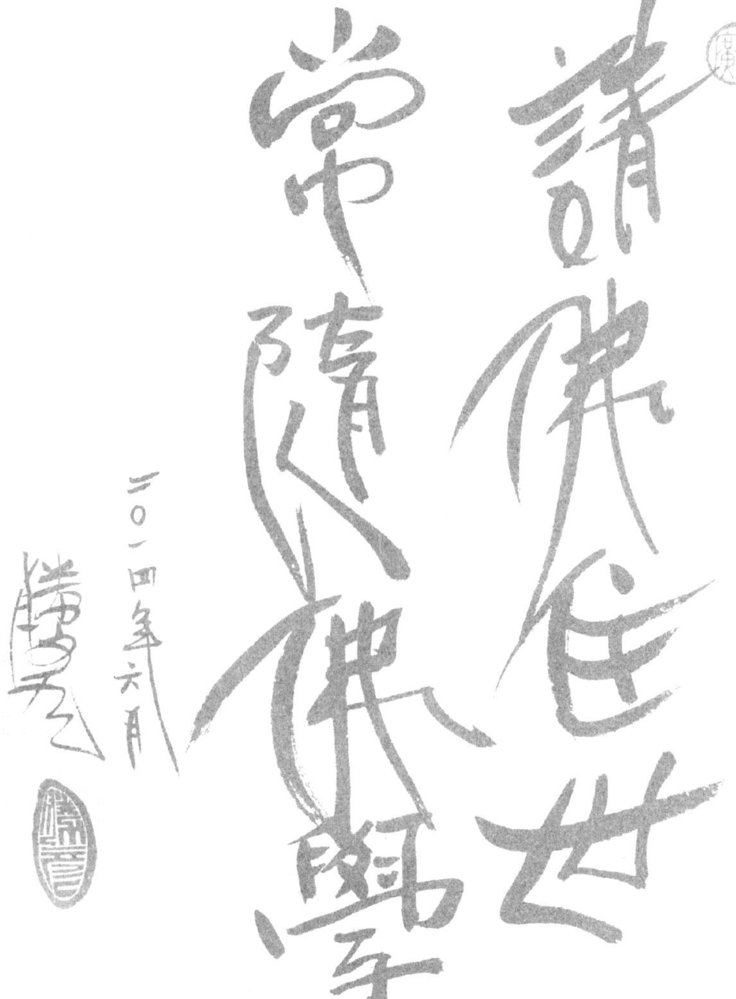
請佛住世
常隨佛學
二〇一四年六月

「麗妃」的遊歷

〈遊歷中的修行〉收穫與經歷之摘要

一、本尊指導、定中遊歷：全程依據本尊的意思為主，安排路線、目的地；定中遊歷穿梭在時空交錯的神話之旅。

二、九地菩薩：在盧師尊的傳承大加持，本尊、護法的護持和守護，麗妃成功完成歷練，可以圓滿進階九地菩薩的果位。

三、達摩祖師：麗妃過去世是達摩祖師的弟子，達摩祖師賜予麗妃《虛空傳承密灌頂》，伏藏漸現。

四、軒轅黃帝：麗妃過去世是軒轅黃帝的小女兒，名號是「紫銀神女」。黃帝賜麗妃《帝王律令》。

五、濟公活佛：濟公讚麗妃會有大成就，並賜福麗妃。

六、穆陵關的超度：穆陵關是往昔盛姬的陵墓之處。因此緣回到故地超度，有緣眾生。以空行母語祈請空行諸尊降臨加持清淨此處亡靈，與瑪吉拉尊佛母合一把甘露施予亡靈，再以經咒加持迴向，諸尊空行降臨，天空出現吉祥雲，太陽外淺淺出現虹光圈，超度吉祥圓滿！

七、盛姬：麗妃過去世是盛姬，盛姬過去世是瑤池金母的女兒（媚蘭）。在東鎮廟定中看見盛姬與周穆王的往昔情懷，寫一偈：「回首往昔諾相思，君心柔情似我心，天涯茫茫幸重逢，星河漫漫終歸一。」

八、周穆王蠟像開光：願有緣來東鎮廟禮敬周穆王者，皆能和盧師尊結下佛緣，未來有緣得渡。

九、禮拜海上觀音為盧師尊祈福，為眾生祈願；供龍王：「祈求觀音護佑盧師尊天天健康，快樂自在度眾生；祈求觀音悲憫眾生，願眾生得智慧，願眾生得救渡，願眾生得解脫。」而後，供養南海龍王。

十、「五佛嚴頂灌」：以法身、金母、瑪吉拉尊佛母三身合一的麗妃，為此地的眾生祈福，願因此行種下解脫之因，能與佛菩薩結緣，佛緣增上。而後，帶佛冠的觀世音菩薩現身，賜予麗妃一頂無形的五佛冠，並交代：「妳將具足五佛的智慧和方便，去幫助更多眾生解脫。回西雅圖時，可以和盧師尊求『五佛嚴頂灌』。」並補充：「無需出家」。

本尊對麗妃的評價：

十一、法身盧師尊：「菩薩九地會圓滿，繼續進階法身現。」

十二、瑪吉拉尊佛母：「無我空性顯，大慈大悲渡；智慧菩提行，不住菩提果。」

十三、金母：「心繫眾生，廣種善因；善巧轉化，自覺覺他；念念清淨，處處道場。」

十四、空行母：「此行，麗妃能自在與本尊身口意合一，了知一切人事和自性的本質，默默有為中無為，以各種善巧方便給與不同根器眾生相對的清淨慈悲與智慧光明，值得嘉許！

「蓮花麗妃」去了「內地」遊歷，寫了一本《遊歷中的修行》。

她說：

「這些遊歷，是依據本尊的指示，遊歷了『過去世』的經歷。」

由於整本太長，所以只將「摘要」公開於書中。

我們每一個人，都有「過去世」，只是我們每個人都把「過去世」給忘了，我說，只要靈性開發之後，「過去世」也能一一浮現。

寫一首詩，給「麗妃」：

詩名〈遊歷〉

終於明了來時路

來過

去過

現在須要自己度

深入禪定處

不用憂慮朝朝暮暮

現在喜相逢

仍是過去的人物

瑤池金母的心

文／寒雨

我接收到來自石壁部堂瑤池金母的召喚，為此安排了三天的花蓮行。

只不過，那天在台北家中，與石壁部堂金母一會，內心深受震懾。

她說：「你們兩個要來花蓮，拿到我的心。」

我知道，她會給我很深、很深的教導。

按照曹如意師兄推薦的朝山行程，我和蓮壢去了四個地方：

慈惠總堂。

勝安宮。

慈惠石壁部堂。

法華山慈惠堂。

四座廟都是主祀金母，但四尊金母和廟宇的靈氣都不一樣，各有殊勝之處。

慈惠總堂金母，母儀天下。

勝安宮王母娘娘，雍容華貴。

石壁部堂金母，罡風冷冽。

法華山金母，古典清雅。

總堂的氣，是中正之氣。

勝安宮是濃郁冶豔的瑤池靈氣，無怪乎是靈山聖地。（蓮壢在這裡第一次看見台灣宮廟的啓靈、會靈、進香謁祖，開了眼界。）

石壁部堂的氣，是清冷的罡氣。

法華山慈惠堂的靈氣很柔，和西雷最像。

蓮壢與我虔誠參拜。

四尊金母，分別給了我們不同的教導。

花蓮的金母，不像台雷和西雷金母那麼溫柔，把我當成小女兒一樣地哄。祂們是慈悲與威嚴兼具的母親，給我的指示直接了當，沒得妥協。

總堂金母說——

「盧師尊的身邊不是妳的終點，那只是訓練的起點。妳的主要任務不在師尊，而是在眾生。在我的傳承裡，妳不能當個避世自修的瑜伽女。

妳要到盧師尊身邊陪伴他、近距離吸收學習他的法教，將來妳必須繼承他的精神，進入紅塵而不染塵，隨順方便度眾生。

「妳的修行會圓滿成就。而後妳要進入紅塵，建立妳的江山，照顧這片江山中的有緣眾生。」

「我會放出法牒，十方法界將知妳與蓮壢有我做主。當時機成熟，我會助妳行持入世方便。」

勝安宮王母娘娘，替我們解答了一些世俗疑難，包含我的考試和工作。勝安宮的九天玄女，我一參拜，她就降在我身上，後來開始幫我訓練蓮壢；至今她依然與我同在，片刻不離。

法華山的金母，說話又慢又文雅，像個古人。她加持我的中脈，說：

「我要把妳的身體轉化成丹爐，讓妳修出內丹。」

「先專注準備考試，妳和蓮壢都一樣，先把自己藏起來，不要引人注目。等妳考完以後，妳要接受特訓。」

「清靜無為是為至要。」

「你們之後，來我這裡住一陣子。」

石壁部堂金母，對我來說最契合。祂的氣清冷而肅殺，是出世間的大智慧空行母。

祂告訴我：

「我會照顧妳。妳來見我，不要讓人知道。」

「放下一切，依止我。妳眼前所見、所經歷的一切，都是我的遊戲與考驗。」

什麼是「瑤池金母的心」？

這個問題，我一共問了兩次。

第一次，我在勝安宮，蓮壢幫我問。

王母娘娘告訴他：「盧師尊對眾生的心，就是金母的心。」

第二次，我在石壁部堂，親自問金母。

祂說：「我的心，是無所畏懼。本來就什麼都沒有，也沒有什麼好失去。無所失去，也就無所懼。無所失去的無畏金剛心，就是瑤池金母的心。」

這種放下、依止、無我、無懼，真的是密教空行母的教導。

於是，我在石壁部堂金母身上，瞥見了融合尼古瑪和金母法教的可行之路。

後來，我回台北以後，也好幾次看見石壁部堂金母。祂和祂的眷屬，讓我身上的靈氣又變得不一樣。我在淨王同修會帶水供、幫堂主家裡壇城開光（被金母逼迫做了人生第一次開光），來加持的都是祂。我閱讀《金母經》，也產生了新的體悟。

禮敬、感恩，瑤池金母大天尊。

我（盧師尊）寫詩一首：

詩名：〈「瑤池金母」的心〉：

我願粉身碎
就為了瑤池一會
如今老了也不退
淚水流滿面

盧老僧
瑤池心
正好是佳配
也是一對
相隨五十年
從開始至今天
未曾荒廢

藥王度母感應之一

頂禮最尊貴的根本傳承上師聖尊蓮生活佛法王。

盧師尊佛安！

祝盧師尊佛體安康，長壽自在，永轉法輪，請佛住世！

弟子蓮花李淑敏在此誠心叩首感恩盧師尊、金母、觀世音菩薩、藥王度母、綠度母及諸佛菩薩護法金剛大加持弟子蓮花李淑敏的肝臟纖維化有大大的好轉。

在二〇二四年一月份時，弟子蓮花李淑敏在真佛密苑問事祈求師尊金母及諸尊大加持弟子當時患了脂肪肝，當時我的肝臟的 metavir score 是 F2–F3 之間。非常感恩師尊賜三道符給弟子服用及叫弟子去燒金紙求金母，非常感恩義母南摩無極瑤池大聖西王金母大天尊的大加持指引及作主。

弟子在今年二月份的藥王度母傳法的大法會已經報名作主祈人，誠心祈求藥王度母賜甘露靈丹治癒弟子的肝病。在法會當師尊帶領大眾一起祈求藥王度母及綠度母時，弟子的祈求是祈求藥王度母賜甘露給我喝治癒我的肝臟病讓我的肝臟的 metavir score 能回到 F0-F1 之間。

大法會過後並立刻約肝臟的超聲波檢查。因為檔期排的滿滿的，結果等到上星期二才輪到我去作檢查。昨天報告剛出來，弟子看到自己的肝臟的 metavir score 已回到 F0-F1 之間，心裡萬分感恩師尊、金母、觀世音菩薩、藥王度母、綠度母及諸佛菩薩護法金剛大加持。在此弟子蓮花李淑敏再誠心叩首感恩。

藥王度母傳法的大法會過後，弟子已患了多月的左腳神經疼 Sciatica 及右腳膝蓋疼 muniscus tear 也迅速消失不再疼了。非常感恩師尊、金母、觀世音菩薩、藥王度母、綠度母及諸佛菩薩護法金剛大加持。

祈願師尊佛體安康，長壽自在，永轉法輪，廣度眾生。

弟子蓮花李淑敏合家頂禮叩首

二〇二五年四月八日

盧師尊註：

藥王度母法會之後，得感應者甚多，而且均是「重症」患者。

本想集成一本書出版，但，大同小異，讀了雖能激發人心，但，太多了，恐令人乏味，所以只取二文發表。

但願眾生健康！

但願眾生修行成就！

隨順眾生
普皆迴向

二〇一四年六月

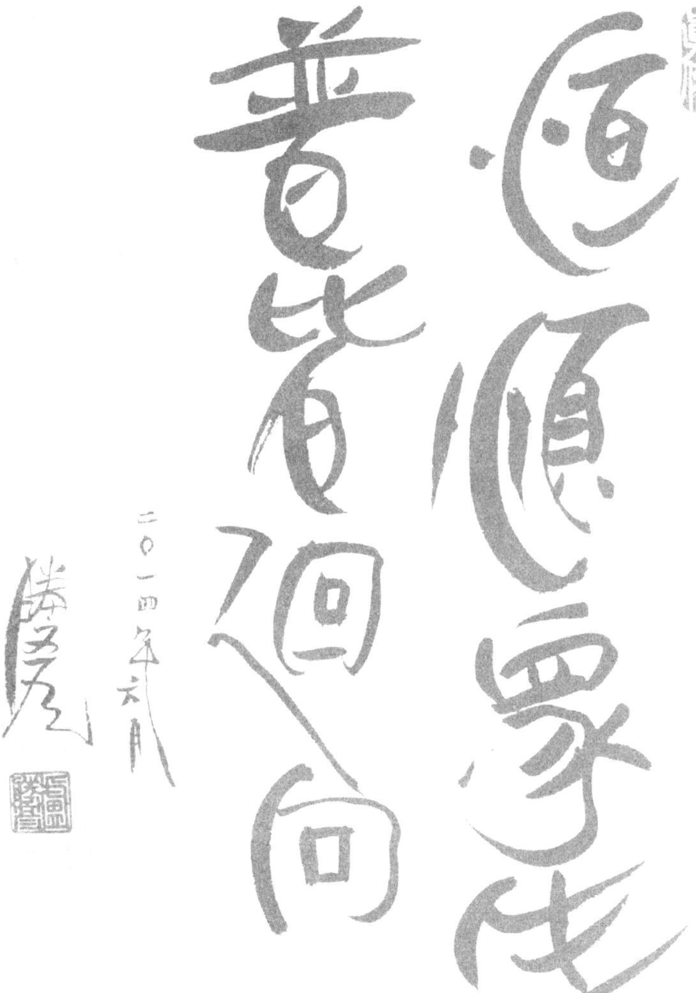

藥王度母感應之二

弟子蓮花鎮雄摯誠頂禮敬愛的　師佛師母

弟子在二〇二二年十月經醫師判定罹患直腸癌第三期，幾經波折動了四次刀做過四次化療，後又因「腸沾黏」困擾了近一年多，直到今年初檢查發現癌指數由正常的四增至五點五，做過正子攝影檢查後發現有擴散現象，醫生本來決定一月十五日要再度動刀切除並刮除部份腹盆腔的骨頭，為期十幾個小時的大手術，手術後並會變為永久性的人工肛門，因之前弟子第一次開刀後，就百經折磨身體虛弱腸胃不適至今，所以弟子決定放棄開刀，並參加　師佛於二月八日親臨主持之藥王度母法會，當時曾寫信祈求　師佛加持旅途一切平安，蒙　師佛慈悲指示，若身體不適無法親自參加法會，可於網路直播時供奉礦泉水，祈求藥王度母加持效果是一樣的。

因為當時弟子已決定前往西雅圖，覺得若因此造福一些無法前往西雅圖的同門，也是好事一樁，豈料弟子於一月三十一日（大年初三）又因腸沾黏掛急診住進醫院，醫生及醫護人員極力勸阻出國，以免發生意外，因此決定動腸繞道手術以徹底解決腸沾黏問題，術後經醫師告知，當時小腸已腫了三、四倍之多，若執意搭機因氣壓影響小腸極可能爆掉，後果將不堪設想，至此弟子才猛然驚覺，原來　師佛早已預見，因此當時才會指示在直播網路前修法效果是一樣的，感恩　師佛又一次拯救了弟子！

我的主治醫生原本決定二月七日做腸繞道手術，但考量我血壓過低，堅持需有預備加護病房時才動刀，以免發生意外，因此二月八日確認有加護病房後才手術，開完刀後我身體傷口疼痛不止，前後打了二支嗎啡及無數止痛針仍無法止疼，而度母法會是在台灣時間二月九日清晨六點舉行，我在九日凌晨一、二點時頓感疼痛全消，並全神專注地參加了整場藥王度母法會及隔天多傑佐烈的護摩法會。

之後我內心堅信定能獲得　師佛、度母及多傑佐烈的大力加持，而後必有奇蹟出現，果不期然，弟子於三月回診做血液檢測時，癌指數已從之前的五點五降為三點八五，血液腫瘤科醫師為確認之前正子攝影所呈現的亮點，是否是癌細胞擴散所導致，更進一步安排四月七日做大腸鏡切片檢查，於四月十一日血液腫瘤科與大腸直腸科回診看報告，都收到好消息，四月七日做大腸鏡檢查四處息肉切片皆為良性，癌指數也在四標準以下三點八五，所以目前二位醫師都傾向追蹤觀察即可，不用再做化療。

弟子衷心感謝　師佛與藥王度母及諸佛菩薩的大力加持，才能夠獲得如此奇蹟般地轉折，如果能因此讓社會大眾有更多的信心可以皈依師佛，弟子願意出面見證　師佛的慈悲與法力，並再度叩謝　師佛救度之情，無上感恩！

祝願　師佛永離病苦、無病安樂、健康長壽、自在無礙、請佛住世、請佛說法！

弟子蓮花鎮雄頂叩合十

二〇二五年四月十四日

二〇一五年十月

轉世的再轉世

我（盧師尊）自知，我在人間已轉世了許多劫了。

深深的想，在我的腦海之中，充滿了「多彩多姿」的回憶。

大部份的時光倒流，我有兩個角色，印象最深刻。

一、是一國之君。

二、是修行人。

另外，很多角色，像茫茫浩瀚的大海一樣，繽紛撩亂。

佛陀（釋迦牟尼佛）的前世，一樣有五百世的菩薩行誼，在六道之中，轉世又轉世，世人尊崇的佛陀，也一樣一世又一世的轉，而我等，芸芸眾生也是一樣。

我說過：

「我們相逢，不是偶然，而是久別重逢！」

我的弟子「黃亦聖」寫了我一篇「轉世」的文章。

我覺得有味道，讓大家共賞吧！

蓮生行跡與行基

在台灣雷藏寺的山腳下，有一個諾大的海報，上面有著真佛宗創辦人蓮生活佛的法相並寫道：「我願成為吉祥的象徵，為這個地方帶來喜樂」每每憶及蓮生活佛與這張海報時，總令人感動久久不能自已…這是多麼殊勝的大願！也在在提醒弟子們要相信，弟子們時時憶念頂戴師恩，師之加持時時存在。

或許是　師佛的加持、也或許是科技所賜，某天上網找書，電腦竟主動推薦一本書籍，書名叫做《行基－東瀛文殊》。

一瞬間令人回想起二〇〇一年出版的第一四三冊蓮生活佛文集《人生的空海》。

其中一篇〈立江寺的字匾〉，文中提到節錄如下：

這珍樓玉閣隱現在祥雲裡，金殿門開，還射出赤光，只見赤光中立定一人：

這人稽首：「傳法者至，故來見汝。」

我問：「先生是誰？」

答：「行基。」

正是我聽見的「行基、行基。」

我恭敬合掌：「不敢勞動行基菩薩相迎。」

行基菩薩說：「昔日，我要入滅時，我曾經如此說，我今此身，身著佛的百衲衣，手持錫杖及自持己缽，入了涅槃後，不再現身。只有等到有真正的傳法人至，我才會現身，而且，你我緣份非凡，你今日來，天當為開，令其得入。」

「此何緣份？」我問。

「一入立江寺，你當自知。」

行基菩薩講完這句話，身子化為光明無盡，漸漸的接近我，與我身子融合為一。

在我的感覺上，我竟然化為行基菩薩，我即是行基，行基就是我。

這是很奇妙的感應。很感動，很感動！

文章看到這裡，或許會以為，這僅是蓮生活佛個人的覺受與感應，但令當時活佛與同行眾人更驚嘆的事情來了，立江寺裡匾額的字體跟師佛的字一模一樣：

蓮生活佛文章裡提到（以下的「我」皆為根本上師蓮生活佛）：

我看到「本堂」上掛了一匾，上書「延命地藏尊」（附照片），這五個字，同門看了，皆大驚駭，因為這匾額的字，同我本人寫的毛筆字的筆跡是一模一樣的。

再走到「大師堂」，堂上匾額的字亦然。再走到「護摩堂」，那「護摩堂」的字，與「彩虹山莊」護摩寶殿的題字，竟然完全相同。再走，一樣。

我自己暗暗的想：

這些匾額上的題字，明明是自己的字，自己所題的字，不會有錯。

時空交錯了。

時空大亂了。

同門問我：「怎麼回事？」

我一時之間也回答不出來，我只有如此回答：「這立江寺的主尊延命地藏尊，感覺上好像是我的兄弟，有很親切的感受，如同回到家了。」

我偷偷問人：「立江寺由誰開基？」

答：「行基菩薩。」

我心中又是驀然一驚！

透過蓮生活佛的這句「立江寺的主尊延命地藏尊，感覺上好像是我的兄弟」，利用網路查詢這尊延命地藏尊的由來，果不其然與蓮生活佛實有甚深的因緣：

立江寺是行基菩薩奉聖武天皇的諭旨創建，據說完成於西元七四七年；當時為了祈求光明皇后的安產，行基菩薩雕刻了一尊五點五公分左右金色地藏王菩薩，後來將其命名為「延命地藏菩薩」，並供奉為主佛建造了本寺。

此後過了六十八個年頭，於西元八一五年，空海大師來此，頂禮這尊地藏菩薩時擔心金身太小易遺失，於是空海大師以一刀三禮的方式刻了一尊新的一點九米高的地藏尊像，並將原行基菩薩造的五點五公分的地藏尊安置於新的菩薩像內。

立江寺曾先後共二次經歷過戰火的洗禮，但地藏本尊像卻如同奇蹟般的毫髮無傷保存了下來，最後才由阿波的初代藩王──蜂須賀家政遷至現址並重建。

這段緣由看到重點了嗎？

－行基菩薩生卒年：西元六六八－西元七四九

－空海大師生卒年：西元七七四－西元八三五

空海大師把行基菩薩造的小金身安置（裝藏）在一點九米木雕的大金身裡，也就是兩位盧師尊的前世，先後在同一個地方造了此尊地藏像！直到西元二〇〇〇年，今世的盧師尊遊歷至立江寺時，才會說出：「這立江寺的主尊延命地藏尊，感覺上好像是我的兄弟，有很親切的感受，如同回到家了。」

世間所有的相遇，都是久別重逢。

二十五年前　師佛於日本四國立江寺舊地重遊，就是一個再美好不過的例子。

蓮生活佛一世又一世不停地發願度眾，不停地利益眾生，在日本建立起佛教信仰的幾位重要歷史人物：聖德太子、行基菩薩、空海大師，都是 師佛一世又一世的乘願再來，有人說：盧師尊不是說五百年才轉世一次嗎？或許是指每五百年一次極重大的轉世吧（如大法王、大攝政王等等）。

今世有幸值遇現世盧師尊，盼望眾生好好珍惜，敬師、重法、實修，才不枉 師佛的諄諄教誨，願能生生世世跟隨 師佛學法，願與 師佛永不離，願追隨 師佛的腳步，願蓮生步步，令眾生步步生蓮，阿彌陀佛！

後記A－關於行基菩薩：

行基菩薩，日本法相宗僧人。出生時遭胎盤纏裹，被認為不祥而丟棄於樹下。隔天竟然自行脫離了胎盤，又能言語，父母訝異之餘，又帶回撫育。

當時日本朝廷，雖將佛教定為國教，但僅限皇族之內流傳，禁止僧侶向一般民眾布教的時代，行基卻突破禁令，不分貴賤以畿內為中心向一般民眾、豪族層廣布佛法，主弘揚觀想法門與淨土之說而受到崇敬。除了建立許多道場、寺，也從事社會救助，建立農業灌溉用水池塘，並在各地搭橋、鋪路、修築堤防。他還成立了日本最早的孤兒院、繪製了最早的日本地圖，曾屢屢遭受政府打壓，但卻獲得平民大眾壓倒性的支持，後聖武天皇受其德行感召，並下令由行基菩薩建立至今仍是奈良最著名的地標－東大寺，各地廣設寺廟與道場達七百多處，對於當時的文化、佛法的傳播有著重大的貢獻。據說在平城京郊外舉辦的說法集會，參與人數可以多達一萬多人（當時京城約十萬人）。七四五年朝廷頒贈給行基日本最初「大僧正」（古代僧官之最高位者）的稱號。之後朝廷又頒授了「菩薩」的稱號，現在廣泛地被稱為「行基菩薩」外，也稱其為文殊菩薩化身。時隔一千二百餘年，依然受到民眾的敬仰。

除了行基菩薩佛行事業與蓮生活佛相似，廣設道場、說法集會萬萬人之外，另個意想不到的巧合是，行基菩薩繪製了最早的日本地圖，而今世盧師尊出家前擔任測量連測量官也是繪製地圖。

後記B－關於立江寺：是四國八十八靈場的根本道場有四國的總關所之稱。

後記C－西元七四九年，聖武天皇攜光明皇后及母親藤原宮子出家，請大僧正行基為其戒師，受菩薩戒，法號勝滿。

讀後有感，寫詩數首：

其一：

轉世應無窮，

有同有不同，

上者是太子，

下者住茅蓬。

其二：

生死全是命，

富貴在於天；

一二三四五，

欲學維摩詰。

其三：

明了輪迴轉，
又來舊地遊；
今生接前生，
無喜亦無憂。

其四：

貴賤均無差，
雖是尊貴皇；
也是窮老衲，
妙法自生花。

（後記：我尚有很多感悟，也許我會寫出來。或者，我自己將來寫一本，自己知道的轉世。）

（編者註：本文所附照片節錄自在QR影片中一分十五秒處）

蓮又上師來函

頂禮根本上師蓮生活佛

嗡嗎呢唄咪吽。

一、感恩師尊加持弟子去年十二月在斗湖正念同修會主壇的兩場法會，金母馬上有錢火供、大威德金剛火供，感應連連、吉祥圓滿。也是第一次感受到五大金剛之一，大威德的威力、非常殊勝。

二、感恩師尊加持，三天的問事六十多人，順利吉祥。

三、弟子開示中提到西夏王朝、《高王經》。法會後，來了一對夫妻，張揚育、黃韻姚。他們聽了很感動。主動告訴弟子，這兩三年來，師尊法身常出現在他們夢中，教導他們唸《高王經》，化解了她的病業，也叮嚀他們要來西雅圖，他們正計劃著今年要來朝聖。

四、弟子去年十一月份寫了一封開悟的信，若詞句中有冒犯之處，請見諒。弟子在此誠心懺悔。

五、其實甲辰年立春過後，弟子的運程已轉好了。記得當時屋外下著細雨，我在屋內修金母馬上有錢法，看見馬兒飛奔進來，馬背上有錢袋，感覺自己要發財了。第二天，一位楊師兄來我家。非常開心地說，他中大獎了，分一半給我。我打開信封一看，是汶幣八千。隨後我供養了師尊美金一千元。因為楊師兄很低調，所以我也沒說。

六、後來網上學了玄學八字，明白了自己的命盤，所有疑惑問題全解了。我本命屬木、乙木、八字裡有三個金，金克木。所以過往十年，運程被克，諸事不順。但甲辰年立春一到，全改了。大運是己卯，有加分，對乙木是好事。所以過往種種已翻篇了，弟子已放下。當然，三根本相應了也可改運。

七、近期發生一件奇葩的事。話說去年十二月中旬，汶萊同門邱時安，女兒邱倩，晚間來問事，說金條不見了。我在壇城上香，稟告佛菩薩，然後看見一位男子在翻箱倒櫃，金條可能被他拿去了。這時師尊法身說，他（舅子）是一個無賴，好吃懶做，要遠離他。當時邱時安很平靜，沒有因為這事而動搖，依然持續贊助火供供品。

二〇二五年二月四日，滿日，早上七點我接了財神，然後開始修金母火供。也給邱時安及邱倩寫護摩木。然後我就出門到西雅圖朝聖了。回來後，二月中旬，邱氏父女來參加火供，告知喜訊。原來金條無意間被邱倩找到，金條被洗得發亮，顯然被典當過。還有就是邱倩考到汶萊公民證。真是雙喜臨門、感恩師尊及金母加持。

蓮又合十

我（盧師尊）寫一首詩，勉勵「蓮又上師」：

毛髮剃落
當知修戒精進
度衆是己命
擔起如來的家業
度衆不多不少
就算一人也是行好

說法必中
隨衆生法器
自然能了
如果操守清淨
但只一心
就是妙巧

真實的接引

只憑一念！相信師尊就對了！（台語）

弟子蓮花聖能跪地頂禮最尊貴的根本傳承上師！感恩師尊！

感恩師尊真實救度！

弟子的先生蓮花朝貴（阿貴）平常只是個做工的粗人，不懂什麼佛法大道理，佛學理論與他也沾不到邊，他只會每天憨憨（台語）持咒、憨憨修法，修法一點感應覺受也沒有。就這樣憨憨持咒修法二十年，偶爾當個義工；罹癌這一年多他也常常念師尊怎都沒來加持他或是讓他夢到，但多年來只憑一個信念！相信師尊就對啦！（台語）

阿貴罹患血癌一年多，經過治療失敗，病情急轉直下，二〇二五年三月二十六號進入加護病房，於三月二十七號蒙師尊接引出現種種往生瑞相。阿貴二十七號下午決定放棄治療，弟子辦妥出院手續後進到病房告知阿貴要接他回家，阿貴非常喜悅一直再描述他看到「非常非常亮的白光，非常非常的漂亮，師尊來了！師尊來了！那種法喜和喜悅無法形容！」那種燦爛的笑容比中樂透還開心！當下我哭了，他還叫我：「不要哭，要開心！師尊來了！」看到護理師也一樣一直形容他的看見，連護理師都說在加護病房多年，從沒見過一個在生病中還能這麼欣喜若狂的阿伯，即使身體虛弱戴著氧氣罩嘴巴還一直不斷的在念佛號，（唸著：嗡。古魯。蓮生。悉地吽。）阿貴二十年來一心只持誦上師心咒。

當弟子告知要接他回家，他說：「好，五點回家，七、八點小孩都會在家。」四點多返家後就進入彌留，果真七點多，等小孩、媳婦到家後就往生了。

彌留的阿貴，幸逢人在新加坡弘法的蓮悅上師以視訊不斷做「中陰聞教救度」法，接著由蓮妙上師現場繼續引導。在過程中，原本彌留的阿貴突然出現略為咬牙施力的情況，雙手用力發抖，下巴微抬，隨著導引呼出最後一口氣。經過同門黃金八小時助念後，竟然鬆弛張開的口部闔上，皮膚光澤，眾人見到都稱不可思議。

感恩師尊加持在阿貴一年多前經檢查罹患血癌後，期間的治療都很順利，能吃、能喝、能睡，不像個癌症患者，也讓停下工作的阿貴，更專心準備功課，我鼓勵著阿貴不管是能夠痊癒或生命因緣的結束，都要靠著師尊加持，這一年多阿貴每天五十遍百字明咒，七遍《高王經》，每日修一壇法，走路經行一心持誦上師心咒。有空就抄寫經文，字體由歪歪扭扭到端正工整，整個心能沉澱下來做抗癌鬥士，在在都要感恩師尊的大加持！

今日特別將這一切書寫出來與眾同門分享，種種的一切都只是為了獻上對　根本上師最崇敬的法供養，再次感恩　根本上師。嗡。古魯。蓮生。悉地吽！

弟子蓮花聖能至誠頂禮叩拜

我（盧師尊）的真實接引，確實是無比的珍貴。

只要一心唸佛。

只要心存善念。

阿彌陀佛一定放光接引超度，一閉眼，現前就是西方淨土。

寫詩為記：

諸子須明理
生死本如如
在世無幾何
過往如恆河
欲見阿彌陀
一心須念佛
多行善佈施
盧師即印可

蓮屹的悟境

感謝　師佛日日夜夜心繫眾弟子，加持無微不至。特別喜愛　師佛於彩虹雷藏寺護摩法會後施展金剛棍，虎虎生風，掃蕩無明業障，使弟子們身心清明。更感動於　師佛妙音開示，或高歌一曲，字字句句，每一語調、每一音符，皆蘊含無盡法義，提醒我們自皈依那一刻起，我們不再是孤行之人，而是同行二人，因為　師佛始終與我們同在，不曾離棄。

即將離開西雅圖，返回挪威，臨別之際伏案書寫一點感悟，以此敬獻　師佛，遙寄離情。

一、日日禪機

午齋後，　師佛慈悲為大眾摩頂加持，輪到弟子之際，　師佛問：「何時回去？」我順口答道：「二十六號。」隨即稽首而退。然而途中忽然醒悟：　師佛此問，豈止關心離去的時日？其中更蘊含深意，直指本心。若有所謂「回去」，便必然有「來時」，但究竟「我」何時來過？

從何處來，又將往何處去？

正如六祖惠能大師所言：「不思善，不思惡，正與麼時，哪個是明上座本來面目？」若能當下照見，即可了悟——本無來去，亦無生滅，師佛之問，並非在乎時日，而是在點破執著——若本無來，何須去？若無去，又何曾來？

每一次與　師佛相見，皆是一場對「空性」的直觀體證。看似尋常的言語，卻能在不經意間，如當頭棒喝，使弟子瞬間洞見實相。上師之珍貴，不僅在於傳授多少經論，而在於能引導弟子超越言語與概念的束縛，直入無生智慧的彼岸。與其說弟子日日向　師佛學習，不如說　師佛日日演化般若妙境，示現無來無去的真諦，使眾生醒悟，知幻離幻，最終於娑婆世界中「隨份、隨緣、隨順」，坦然自在地酬業而行。

二、空行聖地的印記

弟子有幸前往Bellevue 一四〇墓地，師嬤菩薩空行母的聚會所禪定，更早於二〇二三年　師佛尚未公布空行基地之際，已於Redmond Inn附近的Cedar Lawns Memorial Park感應到空行的蹤跡。此等因緣，唯是　師佛加持，使弟子親證聖地之靈光。

於此諸地，弟子皆蒙師尊法身，蓮華生大士及諸蓮華部佛母五色光加持，內心深悟大圓滿九次第之奧義，尤以摩訶瑜伽（Maha Yoga）、阿努瑜伽（Anu Yoga）、阿底瑜伽（Ati Yoga）之法義為最。

師佛法身指導弟子修習「二十四小時與 師佛法身合一」，此即摩訶瑜伽之精髓——藉由上師瑜伽，使行者身、口、意與上師無二合一。我每日修法均與根本上師合而為一，有時化作一顆小光球，被吸入 師佛的心中，後來又被根本上師釋放出來。至於阿努瑜伽，則尤為重視內在氣、脈、明點的轉化。而 師佛真身在法座上特以道家之理作譬：「精化氣、氣化神，運至泥丸出去，便能上崑崙頂、赴瑤池仙宴」，以此闡明內修之關鍵。弟子於聖地入三摩地時，得諸尊加持，常感四周環繞著一圈火光，即使在寒冷的夜裡，也絲毫不覺寒意。

阿努瑜伽的修行，最終直指「大樂、光明」與「空性」，透過身體之修持，使清淨佛性當下顯現，並進一步開啟阿底瑜伽的究竟境——直指心性，超越一切造作，證悟「無上圓滿」。二月十六日，碰巧是弟子的生辰日，於不空羂索觀音護摩法會中， 師佛演化手印之際，弟子入定於一片極淨大白光之中——外有日光、月光、燈光，內有自性光，當下體悟大圓滿之境。天地萬象皆融入一味，每一個眾生、山河大地、一切萬物，悉皆歸於同一佛性。我頓時明白　師佛說的　師佛的中脈是整個宇宙，而我們大家都是中脈裡的明點。此時心生大悲，眾生受苦，就是自己受苦，彷若地藏王菩薩「地獄不空，誓不成佛」之願行，不自覺淚流滿面，無法自己。

感恩　師佛讓我體悟到「大圓滿」成就者的境界（其實大圓滿豈是境界）。　師佛之悲願，即是「不捨一個眾生」，而每一位修證大圓滿的行者，亦將發同樣的大願。因為證入「澈切」、「脫噶」之境，空有互融，則眾生雖為幻相，佛以幻度幻，唯不辜負慈悲而已。

三、一切有相皆妄，行者需具足正知正念

弟子有感，近日弘法人員與同門之中，或多或少生起對神通的迷惑，沉溺於追求空行母，諸佛菩薩所給予的靈示，或是所顯現的種種瑞相。然則，修行之要，絕非執著於這些表相。誠如《金剛經》所云：「凡所有相，皆是虛妄。」若行者不能明辨，反將此等境相視為修行的成就，

則易生貪著，反增我執，乃至落入妄念執迷，與解脫大道背道而馳。

行者當具足正知正念，明白諸相唯是因緣所生，亦復如夢幻泡影。修行之道，當依　師佛所傳正法，穩步修持，於內心建立正確的取捨智慧。凡能助於增益正念、堅固信心者，應珍視奉行：若僅生執著、增長欲望與煩惱者，則當警覺遠離。真正的實修，乃於日常起心動念中照見自心，於法義薰習中調伏習氣，方能不為境所轉，行穩致遠。

這些感悟，令弟子更深刻體會次第修行之重要。正如　師佛所言，唯有依止正確的傳承與教授，循序漸進，方能穩固根基，步步趨向究竟解脫。　師佛不止一次強調，上師教導的口訣乃無上珍寶，其中蘊含累積的證悟精髓，決定了弟子修行的成就與否。唯有信受奉行，不輕忽絲毫教授，方能不負上師悲願，圓滿自他修證。

弟子深願有朝一日，得蒙　師佛親授阿努瑜伽、阿底瑜伽之心中心口訣，並承接大圓滿法之甚深灌頂。於此離別時刻，弟子滿懷無盡感恩與敬意報告　師佛，經　師佛大力加持，弟子挪威的公民申請經過漫長的二十四個月等待，終於獲得批准，可以申請到西雅圖雷藏寺來掛單、

侍奉　師佛師母。

願將此體悟供養　師佛，以報師恩；亦願十方眾生皆能入於正道，信受無上法要，步步趣向菩提。

愚弟子 蓮屹合十

我（盧師尊）寫給蓮屹法師的詩：

詩名：

〈三大瑜伽〉：

摩訶瑜伽是交融
大似無盡偏遠空
阿努瑜伽氣脈點
大樂光明兼無有
阿底瑜伽已頓超
即是如來大般若

（到了阿底瑜伽，已不可說，那是佛的無上頂智慧）

深夜聽書

文／冰果

自二〇二三年年底開始，我從法王作家蓮生活佛盧勝彥文集第二百九十多冊開始往回一一聽盧師尊文集，至今聽到第二〇四冊，大約九十多本文集。

這一年多來從師尊的八十歲聽到六十歲，有如在重溫與師尊一起度過的歲月，很溫馨。我的半輩子，有幸有師尊帶領著過，相信這也是很多師兄姐的心聲。師尊的每一本文集，都為弟子帶來啓示，都無比珍貴，無比精彩！（唯一的煩惱是：半夜聽到太精彩時，幾乎拍案叫絕，結果興奮到睡不著——一笑。）

師尊每日寫一篇文章，五十多年就成就了三百多本文集的壯舉，這恆心毅力，真的是舉世無雙！師尊真的為弟子們建立了一個滿藏寶藏的堡壘！

往回頭看，也許一般人只是緬懷，但是再次重溫師尊的書，卻完全有全新的領悟。往往第一次看書，都會急著想趕快把書看完，於是忽略了很多重點。深夜聽書，夜深人靜心靜，往往聽到以往沒注意的細節，真的猶如醍醐灌頂，恍然大悟。聽到細說密法部分，又嘖嘖稱奇。以前修法時沒留意到的細節，重新受教育一番，不勝喜悅！趕快動手拷貝精彩段落隔天與同門分享。師尊心中有個伏藏，無盡無限無數的密法在其中，偶爾在書中悄悄輕描淡寫的點出來，如果沒有仔細看、仔細聽，真的會走寶的！

往回看，憶起人生一個個特殊的時期，我們共同度過，沒齒難忘，譬如《相約在冬季》是新冠肺炎時期，師尊形容了自己一人對著直播鏡頭的情景，讓我們想起那個刻苦時期，那時開始特別、特別期待師尊的每週開示，癡癡等待週末來臨。而 zoom 互動就是那個時候開始的。

當時我曾經寫：「當全球許多的國家都封鎖了國境，全世界十多億人被關在屋內的時候，讓我們打開通往宇宙意識的那扇門。身為偉大的蓮生法王　師佛的弟子，讓我們遵循　師佛所教的安心法門，把心沉澱下來。」

若深深領會師尊的書，也就是在打開通往宇宙意識的那扇門。師尊曾經說過：「書就是我的心」、「我把對弟子的期待寫在書上」。每夜的聽書，彷佛深入師尊的心。有些悄悄話，你要細細的靜靜的聽。聽著聽著，偶爾，師尊就入夢來了。

雖然是往回看，卻沒有感覺新與舊的隔絕或什麼年限的差別，師尊的八十歲月和六十歲月，永遠都是滿滿的智慧充沛。智者之言，哪會有什麼時限？哪會過時？我們只看到永遠年輕又生生不息的靈魂。

前幾晚已經聽到《阿爾卑斯山的幻想》，驚異於師尊寫遊記時文思如此細膩深入，真是非一般遊記。其實各種題材師尊都順手拈來，舉重若輕，深入淺出。三百多本文集，不離一個勸善和弘揚佛法的核心，但就是從不同角度、各種文法體裁寫來，真的好強！而我只怕錯過了師尊隱藏的語重心長的叮嚀，所以每本文集都是一聽再聽。

聽《阿爾卑斯山的幻想》，自然回想起當時跟師尊旅行的種種情節，那是二〇〇八年。往回再聽，我知道自己會重溫師尊的隱居時期，那是我們剛皈依而苦苦思念師尊的時光；《靜聽心中的絮語》時期，哀哀求告師尊不入涅槃、請佛住世。

最近已經聽到《開悟一片片》這本文集，更是一聽再聽，真是不可思議的難思議。原來師尊已經透露了很多很多，文集加上開示融合一起，其中不知有多少精華！忽然感覺，窮弟子一生之力，不知能否真正讀懂師尊的書嗎？其中含義，真的讓人一再思量，好像一直在打開一扇門，後面又有一扇門，以為就這樣了，接下來卻又是一扇門。比愛麗絲夢遊仙境更加奇異又令人讚歎，就好像生命中一層又一層的驚喜！實在太偉大了！弟子們真的太幸福了！

一年多來夜夜聽師尊的書，師尊的思維、師尊的精神、師尊的智慧已融入了自己的生命，每個日子都有師尊同在，每天都在呼吸著無上的智慧。

感恩師尊，在弟子的生命中注入了如此珍貴的無量光、無量智慧法流！聽師尊的書、讀師尊的書，我們的心會一直跟師尊都很靠近、很靠近。這二十多年的歲月，慶幸有師尊！我們活得不一樣了。這世界，不一樣了。感恩師尊！感謝有您！

二〇二五年二月十四日

我（盧師尊）讀了「冰果」的這一篇文章，心有所感，寫詩三首：

伏案數拾年
孜孜燈光前
不計人我相
但望讀不嫌

坐久腰難直
心直身不直
但求有知音
深耕不覺苦

我人無專長
只為度世忙
就是這支筆
人間揮一場

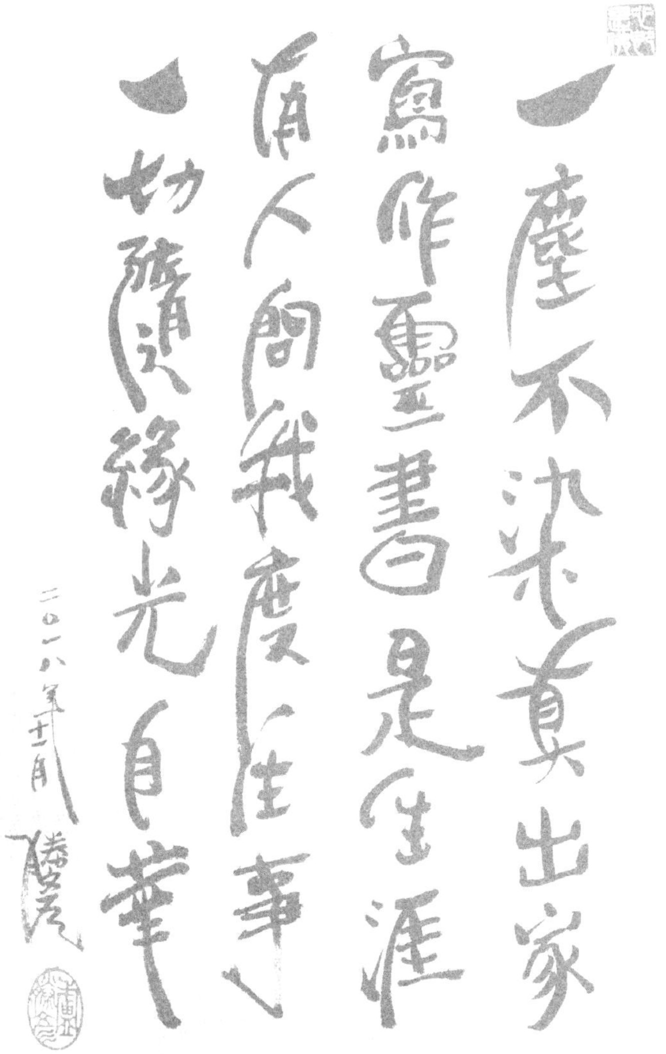
一塵不染真出家
寫作靈書是生涯
有人問我度往事
一切隨緣光自華
二〇一八年十二月

藥王度母之我見

頂禮佛王蓮生佛！

藥王度母大法會的大撼動！仙王老母威神力，十方諸佛願行持，菩薩諸天來守護，救世佛王渡群舟，度母甘露消業障，滴滴甘露潤大地，弟子願與佛王蓮生佛，不離不棄！

法會開始前弟子看見師尊竟然是變成虛空宇宙，攝召十方法界天上地下的佛、菩薩、空行、諸天、聖、賢、僧伽，全部聚集一起成為光明點，色彩燦爛光明佈滿虛空。

法會進行中瑤池金母在上方，西方三聖在上方，放出超級大光芒，然後虛空變成大白光明，嗡。大紅光明，阿。大藍光明，吽。三光大加持整個虛空宇宙後，再變成大白光明中出現一尊非常大，金黃色莊嚴美麗慈悲的藥王度母手上蓮花轉動著，全身放出大白金黃光，瓶罐甘露賜與十方法界，虛空在開始變化不同諸尊顯現，開始各忙各的去救渡有情眾生，然後弟子聽見師尊召請：尊勝陀羅，弟子想是尊勝佛母嗎?!剛好司儀就恭請師尊帶領大眾召請觀想藥王度母，果然師尊有召請尊勝陀羅尼還有大隨求菩薩。當法會司儀說入三摩地時，弟子看見法會現場一時定在一個非常安靜光芒的狀態，自己眉心間也出現光明與虛空光芒連接，口中就自動一直不停的唸出大隨求菩薩心咒。看見師尊佛菩薩發出如此強大的誓願救渡眾生，弟子眼睛落淚，自問自己能否體會明白感受到真佛的大悲願力救渡眾生的心嗎?!能否體會到真佛住世對眾生有多深多大的無盡愛嗎?!能否惜知盧師尊滿腹經律論，將最無上至上的智慧，一生學佛修行口訣毫無保留的賜與眾生嗎?!愚弟子合掌請求：祈願　師佛延壽住世救群迷，回歸彼岸無來去，與佛同行任遨遊!

師佛您第二天的多傑佐烈護摩法會，弟子看見當天的盧師尊感受到的磁場是如蓮師海生金剛同一個人，因為弟子修法時常會看見師尊法身變成蓮華生大士，會產生一股能量使發出內在光明，再由身體產生喜悅快樂的空明。當護摩法會開始時，哇!弟子看到昨天和今天的法會一樣出現的佛菩薩諸尊都來了，虛空真的很熱鬧，很特別的是讓我也看見銀色的蠍子，護摩後得知師尊法座上有供奉銀色的蠍子，師尊首傳多傑佐烈的大法會弟子也有看見是金黃色的蠍子，後來得知師尊法座上是有供奉了金黃色的蠍子。

師佛啊！愚弟子不才總是覺得沒文化好可怕，不知如何用文字來描述出看見人間的　師佛和法界的　師佛，無窮盡的廣大力量變化救渡不捨一個眾生。愚弟子也說不清自己業障有多深的難救渡，而今生能與師佛相遇學密法，愚弟子慚愧又慚愧，小小小弟子無盡感恩再感恩！

師佛啊！愚弟子總是有那麼一點點小自私，祈禱師尊師母住世延壽，健康、平安、晝夜六時恆吉祥，師尊師母弟子們愛您喲！

小小小弟子蓮喜跪拜感恩頂禮！

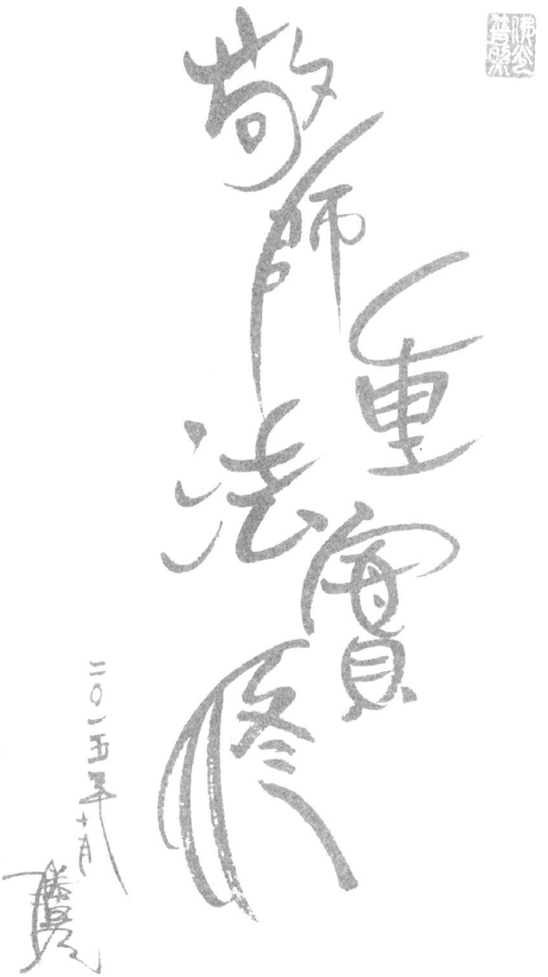
敬師重法實修
二〇一五年十月

諸多感應

頂禮無上法王大慈大悲根本傳承上師蓮生佛

師尊師母佛安！

弟子此次參加　師佛在「林霧」主持的二〇二五新春大法會，首傳「藥王度母法」，及在彩雷主持的「多傑佐烈護摩」，親身見證　師佛演法真實不可思議神蹟，茲錄如下：

弟子於二月三日結束台馬印為期一個月的弘法行程，於二月五日返回溫哥華。感恩　師佛金母大加持，此次弘法共走訪九個道場，舉辦九場護摩、一場拜懺、三場同修、八場問事。每場法事人潮不斷，參加人數遠遠超過道場平時人數，感應連連，過程真的如　師佛加持時所說：一定平安順利。尤其弟子最怕熱，腸胃時常不好，但此次在東南亞的一個月，幾乎天天下小雨，一點也不熱，而且腸胃和身體狀態一切正常，師佛金口一開，果然一切成辦。

然而弟子於上飛機返溫哥華時，腸胃開始不舒服，加上時差，接下來馬上赴西城參加春季大法會，整個人的狀態極差。二月八日在林霧大法會進行一半時，弟子忽然感覺全身力氣像被抽光一般，棉軟無力，眼前陣陣發黑，頭上直冒冷汗，不得不在道伴的攙扶下離開壇場，以至錯過　師佛祈請藥王度母賜甘露的時段。法會結束後，道伴給我一瓶　師佛現場加持的藥王度母甘露水，已經連續幾天不能睡覺的我，喝下甘露水後，當晚一夜好眠到天亮，精氣神恢復大半。

二月九日彩雷「多傑佐烈護摩大法會」上，弟子曾聽　師佛說多傑佐烈可去一切障礙，於是弟子向多傑佐烈祈求腸胃和精氣神恢復正常，接下來真的看見多傑佐烈顯現，一隻手上拿著一個黑色像胃一樣的器官。當時我想為什麼只是胃，我的腸子也有炎症，剛一想，馬上看見多傑佐烈的手上多出兩條腸子，一條長一些，一條短一些，顏色也是褐色皺皺髒髒的，然後還看到旁邊被拿出一隻白白胖胖的蟲子。法會後，果然腸胃炎症好了，精氣神完全恢復。

二月十日，春季大法會結束後第二天，因為浩然精舍要作三天藥王度母持咒密法營，所以我一直在持咒。十一日清晨定中忽見自己頭上被戴了一頂黃金寶冠，冠上坐了一尊真人大的　師佛法身，全身黃金燦爛，祖師團團圍繞在周圍，旁邊更意外地有一根拇指粗很像輸液管的純白色管子從天上垂到身旁。

二月十三日，弟子主持華光雷藏寺、浩然精舍一連三天新春密法營，帶領同門作藥王度母持咒精進班時，因十一日得到虛空示現的啓示，弟子大膽地比照　師佛在大法會時的祈禱，向藥王度母祈請賜甘露。結果現場有位英國來的Tina師姐，真的看到每位同門的頭上都有一尊藥王度母，在向每位同門手中的礦泉水瓶注入甘露。同門Linda師姐也說，看到藥王度母放出強烈的光芒照向參加眾人。同修結束後，幾位本來生病咳不停的同門，喝下甘露水後咳嗽立止，居然好了。　師佛教法演法確實真實不虛，一連奇事不止發生在弟子，也利及之後數日共修的同門身上，真正不可思議難思議！

三天密法營，不但弟子一掃弘法疲態，精氣神十足，聲如洪鐘，每天授課講不停，智慧如泉湧。十幾位從世界各地趕來參加密法營的外國同門，本來風塵僕僕，精神不佳，其中幾位同門還染上風寒，生病不舒服。結果密法營結束後，每個人面色紅潤發光，活力十足，一點病態都無。

師佛春季大法會神蹟，讓弟子從第一天參加，加持力一直持續一星期，神蹟不斷，令弟子無比讚嘆， 師佛的無上成就和大慈大悲，在在見證 師佛就是一尊活生生的肉身佛——蓮生活佛！弟子讚嘆再讚嘆，感恩再感恩，今生得遇 師佛，皈依 師佛，是弟子多生多世最大的福報，感恩 師佛！

嗡。古魯。蓮生。悉地吽。

祝願 師佛 佛體康泰長自在 請佛住世轉法輪

祝願師母 健康青春百病消 長壽法喜護真佛

加拿大溫哥華弟子蓮慈頂禮叩拜

二〇二五年二月十五日

我（盧師尊）寫給「藥王度母」的詩：

詩名：

〈感恩藥王度母〉

至心祈請
藥王度母到此住
讓眞佛弟子
有個供養處

天上人間並不遠
只要有心
彼此不辜負
顯現諸多感應
衆生願汝來超度
病業全消除
感恩成全我法務

弘揚

二〇一四年六月
陳寬

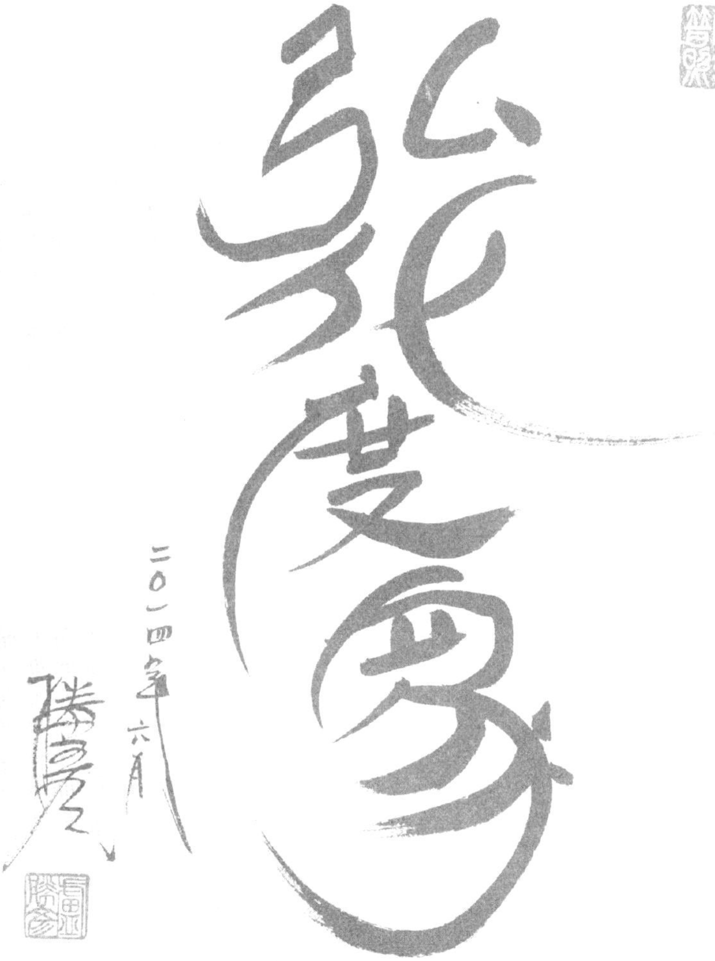

附錄：蓮屾的信

師尊：

您好！阿彌陀佛，祝您一切皆吉祥！並請佛住世說法《楞嚴經》利益無量無邊之眾生，您辛苦了！

今晨一覺起床，馬上知道應該向師尊請教弟子今後應該怎樣做才是對眾生最好的幫助？如何才能真正地做到「應器應用」，弟子目前欠缺的是什麼？弟子萬分的珍惜有佛住世的時光，希望能得到您的指引，以免走彎路，可以更好去做利益眾生及利益自己的事情，真正達到理事圓融、覺行圓滿！

聽完師尊星期日法會上與金母的對話，弟子知道金母很疼惜師尊，不想您再會遭遇不可預料之共業的痛苦，我想這是金母勸請回去的主要因素，因為您已經是一位大成就者，無論在天上在地下都是一樣的可以幫助眾生，這個是不用質疑的：「如來如去，不生不滅」；只是弟子與五百萬的弟子們一樣的心情：不捨與師父之間的那一份情，畢竟您給予弟子們的實在是太多太多，有您在，家就在，我們每個星期趕往西城是因為您在，我們就像回家那樣的自然與幸福，很多時候待在西雅圖，那種感覺就像回到西方極樂世界一般，大家都很簡單，很純粹、很快樂！那都是因為有您在呀，您像太陽溫暖著大家，我們都會眷戀著與您在一起的日子，其實無論您在還是不在，您依然在那裡，無論見與不見：您依然在我們的心中，能皈依到您是我們的福份，因為您的指引，讓無數的眾生走向了回家的路，您精進無比的毅力，感染著每一個真佛的弟子，您就是我們的榜樣，我們希望永遠能在您的身邊，聆聽您的教誨，就像孩子需要父親的愛一樣，所有人都會明白，這種的愛是很難割捨的，師尊您不捨一個眾生，我們也不捨師尊，在此我代大家感謝師尊曾經給予的任何一個的救度、幫助、安慰、法教、賜福與成就，弟子只希望您長住世間能無災無難、無病無痛、佛體安康、法輪恆轉、說法不盡，讓眾生聽聞佛法皆開悟，共沐佛恩皆得超昇！南摩阿彌陀佛！！祈祝願弟子們皆能早日修成佛道，以報佛恩！！

在星期天萬佛手無極眼瑤池金母法會時，當師尊演化手印時，弟子也隨之進入了觀想的狀態：首先觀想護摩爐很大，師尊也進入護摩爐與金母合一消除疾病，二來觀想所有報名之冥陽兩界之眾生皆進入火爐，消除業障，三來觀想自己與主尊合一進入火爐一起燃燒，此時覺得一陣的炙熱，全身迅速地堅固起來，尤其是中脈就像一根鋼柱般的堅固，許久許久不能動彈，其中有睜開過眼睛，但並沒有特別去看，也沒有看到什麼，所以不能幫助師尊回應您看到什麼；但當師尊講到與金母的對話時，弟子馬上意識到剛剛在法會時身體的變化是有什麼特別的意思嗎？是告訴弟子應該堅強獨立起來了，不要想永遠依賴師尊，而是要去幫助師尊去弘揚佛法，去救度眾生，自覺覺他，自利利他！師尊您說是這個意思嗎？另外還有上個星期弟子發了一個夢：夢中師尊正在法座上等待著，這時自己與一群人走到前幾排的座位上，但後來卻不知道為什麼被擠了出來，一下子被推到了師尊座位左右兩排的位子上，此時師尊說：「你就坐在那裡吧，陪陪我，我很孤獨的」，於是我就在旁邊的座位上坐了下來，此時夢就醒了！

現在師尊為眾生開講《楞嚴經》是非常必要的，此經文字優美但卻艱澀，不好理解，要不是經師尊親自講解，真的很難完全去領悟，當師尊講到「如來舉金色臂，屈五輪指，語阿難言。汝今見不。阿難言見。……」，此時弟子明白阿難所說的見，皆從虛幻的表相言見，而沒有看到真正的實相；當下師尊您舉臂講了兩個字「佛性」，真的是驚天動地的，不知道其他人是怎麼想的，弟子是完全的心開意解的，記得六祖惠能大師講的這句話「真如有念，念真如」，這是絕對的，是一不是二，只是眾生不知道而迷失了本家，所以釋迦牟尼佛對阿難說「認賊為子，故受輪轉」，記得師尊的開示中也講到「無論你怎麼修法，卻無法成佛的」，也就是說「不識本心、學法無益」，弟子明白，只要能進入不二法門才能真正入道，而所謂的「法爾本然」即此意也。以上是弟子在聽師尊您講經時的一點體悟，請指正。

在此，弟子蓮屾請示　師佛以下的問題：（請加持）

（一）如果師尊「回家去」，弟子是否也應該跟隨您回去呢？

（在世間，弟子也沒有什麼掛念啦）

（二）如果不是，那弟子應以什麼的方式來繼續您的弘願，廣傳真佛密法，繼續用拜懺之方式來廣結善緣？

（三）弟子目前最應該做什麼？還有不應該做什麼？（留在師尊身邊？繼續外出弘法？閉關？）

（四）請問弟子應修「千艘法船的超度法」嗎？但不知為何弟子卻還未能行動起來。

（五）有時還不能很專注地修氣，請加持障礙退散。

（六）請加持五月二十二日從溫哥華飛芝加哥（芝城雷藏寺）一切順利，出入海關皆順暢，弘法一切吉祥圓滿！（之後從芝加哥飛回薩迦寺，從薩迦寺於六月四日開車去西雅圖參加師尊慶生活動，最後於六月十五日從西雅圖返溫哥華）

最後報告師尊，弟子被安排在五月八日（星期四）進密苑問事，但知道時間的不允許，只好專程提筆給師尊您，有您在我們真的很幸福，讓您辛苦了，弟子也慚愧自己能力有限，還未能與您分擔點什麼；另外弟子有些長久以來的壞習性未能真正的消除，也在此向您懺悔，希望您能加持業障消除，身口意皆清淨，自覺覺他，自利利他，弘法度眾一切順利，一切障礙皆退散，日吉祥、夜吉祥，一日六時恆吉祥！祈願根本上師加持，根本本尊攝受，根本護法永在！

在此弟子祈求金母加持師尊病痛消除，佛體安康，恆轉法輪，說法無盡，住世久久久！祝師母病業消除，身體健康，平安喜樂！（目前弟子每天修金母本尊法及唸七遍《真佛經》迴向給師尊／師母，希望所求如願，希望金母能應允弟子們的請求）

弟子蓮虹頂禮

二〇二五年五月三日

法王作家及畫家介紹

書寫般若智、畫境悉地遊、濃淡疏密間、動靜現禪緣

簡介：法王畫家與作家～～真佛宗創辦人蓮生活佛盧勝彥

蓮生活佛獲得道顯密傳承，創立眞佛宗的源起：

- 一九六九年於台灣台中玉皇宮受瑤池金母開天眼，開啟了不同的人生。
- 一九六九～一九七二靈師三山九侯先生授法、皈依印順導師、了鳴和尚清真道長（得到中密及藏密紅教大法傳承），接受道顯密法的傳承。
- 一九八一年皈依白教大寶法王受大秘密圓滿灌頂。
- 一九八二年六月十六日赴美，此後三年閉關學法、修行，禪定中蓮華生大士教授大圓滿法、釋迦牟尼佛摩頂授記公開作者為蓮花童子轉世、彌勒菩薩賜戴紅冠。
- 一九八三年皈依黃教吐登達爾吉上師、花教薩迦證空上師。
- 一九八四年改名靈仙真佛宗為真佛宗。
- 一九八六年三月十九日（農曆二月十日）圓頂出家。

蓮生活佛盧勝彥是一位畫家

蓮生活佛被譽為「書畫奇才」，一九九三年五十歲才開始學習書畫，師從中國國畫嶺南畫派大師趙少昂的傳人朱慕蘭女士，學畫首年即發行第一本畫冊《胡亂塗鴉集》，而後發展自成一家，不論抽象、意象畫作，揮灑自如。書法則是返樸歸真、大巧若拙之境界，蓮生活佛作畫一如中觀修行，不偏不倚，卻隨性自在。他以書畫傳遞禪機與佛法，是當代能將藝術、心靈、佛法完美融合的第一人。

蓮生活佛盧勝彥更是一位著作等「樓」的作家

蓮生活佛盧勝彥文集有多元題材，他日日寫作數十年不輟，精進與毅力不同凡響。

蓮生活佛的創作大致可分以下幾個時期：

文藝時期（一九四五～一九六八）——以詩集、散文展露創作頭角。

• 一九六七年第一本創作《淡煙集》問世——自喻園丁種下創作的幼苗。

學法時期（一九六九～一九八四）——以靈學、道法、密法創作吸引世人眼光。

・一九七五年推出第一本靈書《靈機神算漫談》（第十六冊），造成轟動。

・一九八三年從第四十五冊《坐禪通明法》傳授密法的書籍開始公諸於世。

弘法時期（一九八五～一九八八）——融合道顯密傳承，自創真佛密法，普傳於世。

・一九八六年真佛大法——第六三冊《真佛祕中祕》普現於世。

遊方時期（一九八九～二〇〇〇）——行腳世界，全球弘法，旅遊見聞全紀錄。

・一九九二年五月著作完成第一百本文集——實現世人眼中的不可能。

隱居時期（二〇〇一～二〇〇六）——著書傳法未曾間歇，師徒情誼由此維繫。

・二〇〇二年十月第一本小說體著作——第一五九冊文集《那老爹的心事》。

出關後大轉法輪時期（二〇〇七～至今）——明心見性，大樂開悟，書中盡顯般若哲思。

・二〇〇八年五月文字著作數量達第二百本——《開悟一片片》。

・二〇二四年六月創作數量邁向新里程碑，第三百本——《回歸星河》

二〇一七年二月十二日法王創作全面電子化—財團法人眞佛般若藏文教基金會正式誕生

「電子科技正當紅，書也蕭索、紙也易溶，恐怕未來轉頭空，上下古今雖是同，又風、又雨，落花流水忽西東，將來大密法如何立巔峰，欲順、欲逆，但看聖弟子的征鴻」，這是二〇一二年十月作者蓮生活佛在其二三〇冊文集《又一番雨過》中，曾為文提及因應時代科技的趨勢，對著書弘法形式走向電子化有著高度的期許。二〇一五年九月電子書開始籌備，二〇一七年成立「財團法人真佛般若藏文教基金會」，憑藉專業規畫一個具有圖書館及聊天室的概念，加上讓作者和讀者、讀者和讀者間可以雙向溝通討論的元素，讓虛擬網路建置成為有情世界的平台，「真佛般若藏」電子書網站(www.tbboyeh.org)，因此應運而生，而且能無遠佛屆的將蓮生活佛創作傳遞世界各個角落。

二〇二〇年二月財團法人真佛般若藏文教基金會，將蓮生活佛盧勝彥文集，虛實整合（電子與紙本發行工作的整合），負責法王所有創作蒐集、整理、管理及發行工作。

二〇二四年六月，實現書畫合一理念，以蓮生活佛畫作作為封面設計元素，將蓮生活佛盧勝彥文集，全面重新校對、繪製手印、更新封面再版完成。並訂於法王作家及畫家蓮生活佛八秩壽誕日，正式將三百本蓮生活佛盧勝彥文集成套發行。

為何要皈依？

人們為什麼要找尋皈依呢？因為聖典上說得很明白，「恐懼」與「庇護」其實就是皈依的兩顆種子。簡單的說，一切眾生都有恐懼的本能，因為恐懼就要尋求「庇護」，而得到「庇護」就是要「依怙」，就是找到依止的「皈依」。

而真正能「庇護」眾生者，一定是一位已經完全從恐懼與痛苦煩惱中解脫的人，而這種人就是「佛」，一個完全得正覺，能夠教導人們脫離煩惱的人。

原則上，世人要皈依的對象，必須是：

一、完全從恐懼煩惱中解脫的聖者。

二、具有解脫他人痛苦的大神通聖者。

三、對一切眾生具有慈悲心，有大誓願度眾生的聖者。

四、事理均開悟的聖者。

何謂皈依？

「皈依」等於是一個註冊的儀式，而佛因為你的註冊，就要指引你進入佛法寶藏領域的門。

佛要指引你達到完全解脫煩惱痛苦。

法是修行的功課，就是指引的路，唯一路徑。

僧是修行的助力，修行要有道侶。

為什麼蓮生活佛是值得您選擇皈依的對象？

至於皈依蓮生活佛「紅冠聖冕金剛上師盧勝彥密行尊者」，是因為這位聖者，已經來回「摩訶雙蓮池」淨土無數次。在佛法浩瀚廣大的領域中，他能夠指點你如何走，由一位明心見性的金剛上師來指導，可以解除你的懈怠及迷惑。因此，蓮生活佛就是你應該皈依的對象。

（以上摘錄自蓮生活佛盧勝彥文集第86冊《光影騰輝》第19章〈真佛宗皈依再說明〉）

要入「真佛宗」修持「真佛密法」，一定要先皈依，受灌頂，這樣才算是正式入門。要皈依蓮生活佛，取得「真佛宗」的傳承，該如何辦理？

一、親來皈依：先連絡好時間，由世界各地飛到美國西雅圖雷門市的「真佛密苑」，或依蓮生活佛弘法所在的地方，由蓮生活佛親自灌頂皈依。皈依灌頂之後，蓮生活佛會頒發皈依證書，根本上師法相及修持法本，如此便是取得「傳承」。

二、寫信皈依：欲皈依者，因遍布全世界各角落，親來皈依不容易。因此欲皈依的弟子，只要在農曆初一或十五日的清晨七時，面對太陽昇起的方向合掌，恭念四皈依咒：「南摩古魯貝。南摩不達耶。南摩達摩耶。南摩僧伽耶。蓮生活佛指引。皈依真佛。」三遍。念三遍拜三拜。（一次即可）。在自己家中做完儀式的弟子，祇需寫信列上自己真實「姓名」、「地址」、「年齡」，隨意附上少許供佛費，信中註明是「求皈依灌頂」，然後寄到美國的「真佛密苑」、「真佛宗世界宗務委員會辦事處」（詳如下述）。或直接上宗委會網站（https：//truebuddhaschool.org/formrefuge）填寫皈依申請。

蓮生活佛會每逢初一或十五，便在「真佛密苑」舉行「隔空遙灌」的儀式，給無法親到的弟子遙灌頂。然後會給大家寄上「皈依證書」及上師法相，同時指示從何法修起。這即是取得「蓮生活佛」的傳承。

三、至真佛宗各分堂所在地請求協助皈依。（真佛宗的各地分堂分布於全世界）

※未皈依者，亦可耐心先持「蓮花童子心咒」，有所心神領會或感應，再來求皈依灌頂。短咒：「嗡。古魯。蓮生悉地吽。」長咒：「嗡啞吽。古魯貝。啞呵薩沙媽哈。蓮生悉地吽。」

蓮生活佛盧勝彥「真佛密苑」的地址：

Master Sheng-Yen Lu
17102 NE 40th CT. Redmond, WA 98052-5479 U.S.A.

真佛宗世界宗務委員會辦事處地址：

True Buddha Foundation
17110 NE 40th CT. Redmond, WA 98052-5479 U.S.A.
Tel：（425）885-7573　Fax：（425）883-2173
Email： tbsblessing@gmail.com

台灣雷藏寺

地址：54264 台灣南投縣草屯鎮山腳里蓮生巷 100 號
No. 100, Lane LianSheng, Shanjiao Village, Tsao-Tun Township, Nantou County, Taiwan, 54264, R.O.C.
Tel： +886-49-2312992　Fax：+886-49-2350801

供養蓮生活佛除郵寄「真佛密苑」外，其他方式：

銀行匯款單填寫匯款用途，請填寫：贈予、供養。

英文的匯款用途，PAYMENT DETAIL

請填寫：GIFT-OFFERING

銀行名稱 (Bank Name)：Bank of America

銀行地址 (BanK Address)：10572 NE 4 St Bellevue WA 98004 U.S.A.

銀行匯款代碼 (Swift Code)：BOFAUS3N

銀行分行代碼 (Routing Number)：026009593

受款人 (Beneficiary Name)：Sheng yen Lu

受款人地址 (Address)：17102 NE 40th Ct Redmond WA. 98052 U.S.A.

受款人帳號 (Account Number)：1381 2709 7512

蓮生活佛盧勝彥文集

真佛般若藏
tbboyeh.org

由真佛般若藏重新編輯再版，讓蓮生活佛的五十餘年創作能夠完整呈現，也是廣大讀者長期以來所殷切期盼。此次文集全套再版設計編輯，結合書、畫的製作發行，就是讓世人知道蓮生活佛是當代能將佛法與藝術結合的第一人。

全套再版紙本書
推廣助印及贊助

蓮生活佛盧勝彥文集紙本書及電子書之發行，自第 277 冊開始二合一，由財團法人真佛般若藏文教基金會統籌負責。紙本書在台灣發行除了可至金石堂等各大書局訂購之外，為服務廣大各國讀者，真佛般若藏特別設立了網路訂購平台，可直接訂購蓮生活佛盧勝彥最新文集以及全套再版紙本書，訂購平台上也納入了多項由蓮生活佛盧勝彥創作所衍生的周邊贈品，歡迎您的推廣與贊助。

真佛般若藏網路訂購平台
www.tbboyeh.org/cht#/order

除了可在www.tbboyeh.org/cht#/order網路線上贊助之外，這裡也提供了贊助匯款帳號：

海外訂購或贊助匯款

帳戶戶名：財團法人真佛般若藏文教基金會
帳號：062087040548
銀行名稱：國泰世華銀行大同分行
Account name : TBBOYEH FOUNDATION
Account number : 0000062087040548
Bank Name : Cathay United Bank (013)
Branch : Tatung Branch (062)
Bank Address : No. 7, Songren Road Taipei City
Swift Code : UWCBTWTP

台灣地區贊助匯款

帳戶戶名：財團法人真佛般若藏文教基金會
帳號：062-03-500524-8
銀行名稱：國泰世華銀行(013)大同分行(062)
銀行地址：台北市重慶北路二段50號

郵局劃撥帳號：5043-7713
戶名：財團法人真佛般若藏文教基金會

如需任何協助，請洽publisher@tbboyeh.org

蓮生活佛盧勝彥文集全目錄 第001冊～082冊

蓮生活佛盧勝彥文集全目錄 第083冊～165冊

蓮生活佛盧勝彥文集全目錄 第166冊～248冊

蓮生活佛盧勝彥文集全目錄 第249冊~至今

持續創作中……

蓮生活佛盧勝彥所有著作，
請上 www.tbboyeh.org 真佛般若藏網站，加入會員，盡享閱讀。

造化之通

Nature's Way The Art of Liberated Playfulness

自在的遊戲三昧

作者：盧勝彥
出版者：財團法人真佛般若藏文教基金會
地址：新北市三重區興德路117號5F
網址：https：//www.tbboyeh.org
電子郵件信箱：publisher@tbboyeh.org
聯絡方式：
電話：+886-2-2999-0469
電話：+886-2-8512-3080
傳真：+886-2-8512-3090
封面原畫：盧勝彥
封面設計：張守雷
印刷：寶得利紙品業有限公司
法律顧問：周慧芳律師
初版：2025年09月
ISBN：978-626-7497-18-0
定價：新臺幣260元（平裝）

國家圖書館出版品預行編目資料

造化之通：自在的遊戲三昧 / 盧勝彥作. — 初版. —
新北市 ： 財團法人真佛般若藏文教基金會,2025.09
面； 公分
ISBN 978-626-7497-18-0(平裝)
1.佛教修持
225.7 114008985

明了輪迴轉，
又來舊地遊；
今生接前生，
無喜亦無憂。

～蓮生活佛盧勝彥

財團法人

真佛般若藏

妙智慧的總集 明心見性由此開始

自游自在搖江湖
二〇二二年九月